EN EL OTOÑO DE MIS PENSAMIENTOS

EN EL OTOÑO DE MIS PENSAMIENTOS

MANUEL HURTADO E.

Número de Control de la Biblioteca del Congreso de EE. UU.:   2019900706
ISBN: Tapa Dura   978-1-5065-2793-2
               Tapa Blanda   978-1-5065-2792-5
               Libro Electrónico   978-1-5065-2791-8

Fecha de revisión: 25/01/2019

Para realizar pedidos de este libro, contacte con:
Palibrio
1663 Liberty Drive
Suite 200
Bloomington, IN 47403
Gratis desde EE. UU. al 877.407.5847
Gratis desde México al 01.800.288.2243
Gratis desde España al 900.866.949
Desde otro país al +1.812.671.9757
Fax: 01.812.355.1576
ventas@palibrio.com
790985

Prólogo

Dedicar un texto que describa o narre la vida de una persona, siempre será un honor para quien lo haga, pero cuando este se refiere a un ser extraordinario, se vuelve un gran reto.

Inmejorable oportunidad para hacer lo que más me gusta, escribir poesía; sin embargo, ésta se convierte en una narración apologética de la magnífica obra literaria "En el Otoño de mis Pensamientos", misma que su autor y gran amigo Manuel Hurtado E., convierte en el portal del ocaso de una conmovedora trayectoria.

Me honra recibir tan distinguida oportunidad para prologar este majestuoso ejemplar, que me motiva e inspira a brindar homenaje a quien valientemente ha entregado su vida al arte de la escritura, y un gran amor por México a lo largo de tantos y tantos años. Si el entretiempo existe, seguro estoy que es el principio de la vida eterna.

Entretiempo

Cuando se unen el amor y la tristeza,
Aflora un caudal de sentimientos,
Se impregna con ideas nuestra cabeza,
Y brotan las ideas y pensamientos

El tiempo inexorable veo pasar,
Envuelto de dolor y parabienes,
Se acerca, cual otoño en mi pensar,
Como una cicatriz entre mis sienes

El paso de los años he vivido,
Envuelto entre poemas y canciones,
Desaires y alegrías he tenido,
Sonrisas, gritos, llantos e ilusiones

De todo ese cariño que me diste,
Cual enervante aroma de las flores,
¡Por ti vida!, mi alma ya no es triste,
Me llevaré a la tumba tus amores

"La palabra escrita desnuda al ser humano, lo hace más sensible, le transparenta el alma y permite que los demás vean su interior".

Gamaniel Esparza Verduzco.
Mtro. Derecho, Poeta y Escritor.
UMSNH

Amor en el tiempo 08-18-15

No es el tiempo el que abruma mi pensar,
es la distancia que separa nuestros corazones,
porque al ver tu mirada como irradia paz y amor,
sé que despierta en mí el ansia de correr a buscarte,
porque en la ternura de tus ojos que emanan amor,
sé que al sentir el calor de tus labios viviré,
sí, vivir la gran pasión que nos ha dominado,
ese amor que se ha fincado en nuestros corazones,
ese amor que sabemos perdurará hasta la eternidad,
ya camino en la búsqueda de tu extraordinario ser,
pero los caminos a ti están llenos de barreras,
barreras que insisten en separarnos,
me duele el alma porque sé que te puedo perder,
porque esa distancia que separa nuestros corazones parece infinita,
tu ser me cautivó al conocerte y probar tu amor,
pero hoy que el tiempo y la distancia nuevamente nos separan,
mi corazón llora por tu amor,
ese amor que no debería ser imposible, pero parece serlo,
ya que no logro avanzar a ti en medio de tanto obstáculo,
aunque mi amor por ti perdurará hasta la eternidad,
hoy siento que no lograré llegar a ti,
y mi ser morirá en el tiempo y la distancia.

Tristeza   08-18-15

Tristeza en el alma se siente,
cuando te toca el alma las oraciones a Dios,
y es porque la tristeza embarga el alma ante la miseria humana,
cansados nos sentimos muchos ante tanta crueldad,
porque sabemos que en nuestras manos está la solución,
porque hemos cansado a Dios con nuestras matanzas,
porque siento que su infinita misericordia ya no la merecemos,
porque veo por todos lados la crueldad humana,
porque seguimos viendo la ambición desmedida,
porque esa ambición destruye pueblos enteros,
porque en esa ambición no les importa a quien destruyen,
porque o son malos Gobernantes o son las drogas y los vicios,
por eso siento tanta tristeza porque ya no veo venir a nosotros la salvación,
por eso siento alegría momentánea por aquellos pueblos que les traen un poco
de consuelo,
momentánea, sí, porque sus Gobernantes los volverán a sumir en su cruel
miseria,
en cada país de la tierra existen los Gobernantes corruptos que se enriquecen,
a costa de la imposibilidad que tienen los pueblos de defender sus vidas,
porque siempre que se protesta el poder aplasta a las gentes pobres,
pareciera impotencia pero es la maldad de la gente en el poder la que destruye,
porque no ha sido posible vencer en ningún lado a los malos gobernantes,

Chiapas de ensueño   05-23-15

Chiapas tus maravillas me enamoraron,
la diversidad de tus bosques,
la facilidad de tus tierras para cultivar casi de todo,
tus plantíos de café que nos dan su maravilloso sabor,
la riqueza de tus plantíos y su variedad,
tus ríos grandiosos que nos dan tanta vida,
tus bosques de maderas preciosas,
tus montañas grandiosas,
las cascadas de agua azul, maravilla natural,
tus noches de luna en las lagunas de Montebello,
tu gente inigualable por sus costumbres,
tus pueblos, Bochil, Chiapa de Corzo, Tapachula y tantos más,
en ellos su gente luchadora e inigualable, te engrandecen,
ellos nos enseñan la maravilla de sus tradiciones,
recorrer tus tierras, no hay igual,
tu Palenque, tus ruinas Mayas, tus costas,
tu Palenque y tus ruinas me llevan a un eterno pasado,
¿Cómo no habría de enamorarme de ti?
Si en ti hay historia y vida como ninguna,
si en ti tus bailables son como tu belleza,
¿Cómo no habría de enamorarme de tu Tuxtla Gutiérrez tan hermosa?
Chiapas, cómo describirte si eres tan grandioso.

Torreón y tu amor   08-07-15

Llegaste a mi vida en los ambientes de Dios,
tus miradas acompañaron mis oraciones llamando mi atención,
tu personalidad llamó tanto mi atención que me conquistaste,
poco a poco tu amor fue invadiendo mi corazón,
poco a poco tu amor llenó mi vida hasta nuestra unión,
unión que se volvió eterna con tu amor,
porque de ella me dejaste a mi lado seres con los que vivo tu amor,
pero la desgracia dentro de la felicidad de nuestra vida cayó,
fuertes dolores y problemas atacaron tu vivir,
la incompetencia y casi maldad te torturaron con tu Cáncer,
pero la fortaleza y tu amor por la vida y por mí te levantaron,
tu lucha contra el Cáncer nos impresionó con tu valor,
tantas veces que tu heroísmo marco mi vida para siempre,
hoy me duele tanto recordarte en tu agonía que el Cáncer te dio,
sé que lo soportaste como todo un guerrero de Dios,
que si el Cáncer te venció fue por lo fuerte que te atacó,
porque no hubo la medicina para sanarte de tu Cáncer,
pero hoy que a través de los años desde tu partida, tu recuerdo vive en nosotros,
tu recuerdo hoy es el pan de la vida con el que me alimento,
hoy te dedico mi amor y mi vida hasta que nos encontremos nuevamente,
pero que sé que será al lado de Dios y para toda la eternidad.

Un mar de flores

08-03-15

Cabe en las llanuras la hermosura de tus flores,
porque la paz y el aroma se extiende como tu belleza,
las montañas te guardan de las inclemencias,
porque ellas también aman tu esplendor,
belleza comparada con los miles de flores que emergen en las llanuras,
como emergen de tu corazón, tus palabras de amor,
regar cada flor es lo mismo que cuidar cada parte de tí,
su aroma es comparada con el exquisito aroma de tu piel,
cada flor, cada pétalo, cada río adorna tu angelical atractivo,
los caminos que has sembrado de flores hasta tu puerta,
son como los caminos que conducen a tu corazón,
senderos de amor y gracia sin igual,
déjame amarte, porque amarte es igual a vivir,
como florecen cada pétalo de cada flor a la vida,
tú eres vida, tú eres amor y pasión.

Tú y la luna   08-25-15

No puedo renunciar a ti cuando te veo,
a la luz de la luna tus ojos brillan de amor,
con su luz recuerdo nuestras noches de amor,
pareciera que tu cuerpo se energizara con su claridad,
y tu amor se volviera excitante y grandioso,
tus besos a la luz de la luna saben a tu miel,
¿Cómo decir que renunciaré a ti? ¡Cuando tanto te amo!,
Amarte bajo su resplandor es recibir el esplendor de tu cuerpo,
es ver el fulgor del amor bañado por su luz,
es ver que el amarte no tendrá fin como es su iluminación,
es entender que el amor que nos profesamos será iluminado por siempre,
te amo, te amo pero no sólo bajo su luz,
te amo y te amaré cada instante de nuestras vidas,
porque amarte es engrandecer nuestro vivir,
porque al amarte bajo el brillo de la luna será eternizarnos en el amor,
te amo, te amo, como amo cada instante de la vida,
y bajo la claridad de la luna juraré amarte hasta la eternidad,
para nunca renunciar al gran amor que en ti encontré.

Amor con la luz de la luna   08-30-15

Hoy la luna se compone con los misterios de tu amor,
hoy en su brillo, tu rostro y la hermosura de tu cuerpo se compone el amor,
su luz refleja una gran pasión que en tus ojos veo,
su luz me ha encaminado siempre al amarte a ti,
bajo el resplandor que ilumina mi piel tú haces arder mi sangre de pasión,
invoco a la luna para nunca perder tu amor y tu esencia,
tu ser es tan maravilloso como la luna,
porque como ella tú te renuevas cada noche,
amarte es cubrirme de luz y amor hasta la eternidad,
canto a la luz de la noche por haberte conquistado,
mi canto es y será el invocar tu amor a su luz,
porque tú eres mi luna que ha iluminado mi corazón.
porque entre beso y beso entre el brillo, fue amarte intensamente,
tu amor y con su luz llenas de paz mi vida,
porque tú eres como la luna que te enseña que vale la pena vivir,
que el amor iluminado por su luz, vale tanto como su esplendor nocturnal,
que cobijados en su luz, el tiempo pasará sin habernos tocado,
porque nuestro amor es eterno como la luz de Dios.

El oro de tus sentimientos   09-05-15

El encanto de tu ser ha brillado en mí,
llegaste a engrandecerme con el oro de tus sentimientos,
yo sé que nadie comprenderá mi amor como lo has hecho tú,
encantaste todo a mi alrededor con la magia de tu amor,
hoy escucharte es oír el canto del Angel que eres,
hoy mi corazón se ha engalanado con tus caricias de amor,
hoy veo que en ti no hay errores en tu actuar,
hoy veo que sabes amar y construir vidas,
hoy veo que la mía la has reconstruido con amor,
hoy sé que jamás beberé hiel, que solo miel de tus labios beberé,
tú sabes tocar el fondo de mi alma con tu sabiduría,
tú sabes hacer brotar cada noche nuestra pasión,
porque solo en ti hay toda una belleza celestial,
porque sé que estás formada en la perfección de mujer,
hoy sé que la vida en tu amor se eternizará,
hoy escucho nuestras vidas en un concierto de amor y pasión,
hoy siento a cada día un despertar lleno de amor a tu lado,
hoy me lleno el corazón de esperanzas de amarte a cada instante,
porque hoy sé que a la vida llegamos para formar nuestro amor,
sí, pero unidos para siempre en la alegría del amor eterno.

Amira W   08-30-15

En el alba encontré el esplendor de tu voz,
en ella acompañada de música conquistaste nuestros corazones,
en cada palabra de tu canto embelleciste nuestros sentimientos,
en cada momento que te escuchábamos las lágrimas brotaron de nosotros,
porque hacías vibrar nuestras emociones,
llevaste nuestros pensamientos a tocar el cielo,
¡Oh Dios! No cabe duda que eres uno de sus Angeles,
Brilla tu voz endulzando cada momento de nuestras vidas,
oír tu canto, llena de emoción nuestras mentes,
jamás podría cansarme de escucharte,
lloran nuestros ojos, pero de sentimientos de amor con tu voz,
esfumaste nuestras penas para llenarnos de dichas con tu canto,
a la vez llenaste nuestras mentes de grandes imágenes de mujeres tan valiosas,
tan valiosas como tú que a tan pequeña edad cantas como los Angeles,
nunca podremos sacar de nuestros corazones tus cantos,
idolatrarte quedará en nuestros recuerdos para siempre.

¿Enamorarte? 09-04-15

¿Cómo poder enamorarte?
sí tu frialdad destruye mis sentimientos,
sí, sé que tu belleza es incomparable,
pero tu corazón es tan confuso,
porque en él anidas solo indiferencia y rencor,
¿Cómo, cómo enamorarse de un ser tan frío como tú?,
Con tu atractivo de mujer, sé que nunca encontraré alguien como tú,
pero con el corazón tuyo lleno de frialdad, eso si no encontraré,
por eso vuelo a otros parajes del mundo a buscar amor real,
quizás muera en el camino buscando ese amor ideal,
quizás nunca encuentre ese corazón amoroso que busco,
porque a mi vida la has marcado en la tristeza,
en la tristeza porque a pesar de tu frialdad de ti me enamoré,
sí, me enamoré de un corazón lleno de frialdad y rencores,
hoy podré reflexionar y podré recorrer el universo entero,
sin encontrar ese amor, porque en cada rostro de mujer te veo a ti,
pero cuando sus voces oigo, desaparece tu rostro y nada sucede,
porque no eres tú y mi corazón llora y vuelve a huir buscándote,
mi alma se ha cargado solo de dolor y tristeza,
porque sé que para tí nunca podré ser el amor de tu vida que la alegre,
que nunca verás en mí el alivio a tu tristeza y desamor.

Una Paloma   09-12-15

Como una paloma ha venido a cantarme como un Angel que es,
ella ha traído en sus mensajes las respuestas del amor,
ella en la blancura de su investidura me inspira a la pureza del amor,
ella sólo canta con ese amor inigualable,
que sólo un Angel como ella puede cantarme,
porque ella como mujer solo profesa vida y amor,
ella ha venido a encantar mi alma con el amor,
con ella sé que ha venido a enamorar mi vida eternamente,
porque sé que la gloria del amor está en ella,
con ella sé que con su canto ha embelesado nuestras vidas,
por eso sé que hoy debo amarla porque es un ave del paraíso,
esa ave de amor que sólo seres como ella son,
con su canto celestial el tiempo no existe para amarnos,
hoy sueño, vivo, trabajo y canto por su amor,
hoy con su canto se realizan mis sueños de amor y vida,
hoy que ha venido a cantarme, sé que es para sellar nuestro amor,
hoy sé que ha venido cantando porque así será el amor que me ofrece,
cantemos entonces, cantemos por siempre juntos en el amor,
porque la gloria de nuestro amor nos unirá por siempre.

Reencuentro de amor   09-19-15

Nos encontramos en el amor y robaste mi corazón,
a tu lado la vida se llenó de amor por siempre,
huimos de la tristeza y la miseria,
llenaste nuestras vidas con alegrías de vida,
cada día tus caricias hicieron borrar el pasado,
ese pasado de la niñez y la juventud,
en ese amor que no tuvo dudas para amarnos,
ese amor que tu supiste envolver en alegrías,
ese amor que sin penas no parecía tener fin,
por eso sé que hoy cuando despierto no entiendo,
no entiendo por qué a mi lado ya no estás,
no entiendo como una vida de amor se acabó,
esa muerte que no he podido comprender ni aceptar,
esa muerte que me dejo en la nada arrancándote de mi lado,
tú y yo lo éramos todo, todo lo que el amor da,
sé que a tu lado estoy, porque tu amor así me lo dicta,
yo sé que no hay distancias entre tú y yo,
yo sé, que mi vida, mi ser, mi alma está sellada a ti,
por eso sé que nada ni nadie podrá borrarte de mí,
es la vida la que debo enfrentar hasta nuestro reencuentro,
en ese reencuentro que unirá nuestras almas enamoradas.

Mujer en tu belleza de juventud   10-05-15

Tu belleza infantil ha quedado atrás,
hoy tu belleza de mujer ha comenzado en ti,
tus ojos denotan la pureza que hay en ti,
hoy los trinos de las aves y el esplendor de las flores adornan tu belleza,
hoy se despierta en tu rostro la mujer hermosa,
y hoy comenzará el brillo interior de tu alma,
porque hoy nace la mujer que al mundo llega,
pero que con tu preciosidad vienes a demostrarnos tu grandeza,
porque en tu futuro se abra tu profesionalismo a la vida,
porque con tu bondad labrarás tu futuro de mujer,
pero la gran mujer que hoy en tus ojos se ha descubierto,
esperamos que las flores que hoy adornan tu rostro,
adornen también tu vida,
que en el futuro de tu encanto de mujer,
se transforme en un gran ejemplo de vida,
que siempre te engrandezca como mujer,
que siempre los cantos de las aves y las flores acompañen tu vivir,
que siembres amor para que recojas gratitud,
engalana tu vida con las bendiciones de Dios y de tus Padres,
que nunca llores porque te lleguen a dañar moral o físicamente,
que tus lágrimas sean siempre de amor y felicidad,
que siempre lleves en tu mente el ejemplo de grandes mujeres,
para que tu ser y tu vida sea como las de ellas.

Burbujas   10-05-15

Como en burbujas en el viento te encontré,
tú llenaste con el color de la vida a mis ojos,
tu belleza llenó mi corazón de amor,
tu candor e inocencia conquistaron mi vida,
tu sencillez me emocionó hasta el fondo de mi corazón,
tus palabras tenues y sencillas fueron canto en mis oídos,
y un hermoso cantar que me diste como el mejor amor,
tu andar suave y cadencioso despertó en mí el amor,
tú y sólo tú ha despertado el vivir de mis pensamientos,
no sé, pero sin tí nada emociona mi vida,
las tardes a tu lado brillan con amor a la luz del sol,
porque hoy sé que en las noches encuentro el amor sublime en tí,
porque en cada amanecer mi vida a tu lado tiene un grandioso esplendor,
sí, el esplendor que nos da cada amanecer para disfrutar de nuestro amor,
hoy cada beso de tus labios llenan de miel mi vida,
hoy cada palabra, cada mirada, cada movimiento tuyo es amor,
hoy vuelves a renacer cada día el gran amor que despertaste en mí,
yo quiero hacerte sentir todo, todo el amor que en mí haces sentir.

Tus Quince años   10-04-15

Brillas hoy ante el mundo al comenzar tu juventud,
brillaste en tu niñez desde que naciste,
hoy, la alegría de verte comenzar tu juventud nos maravilla,
hoy, se cumplen tus sueños de niña y hoy deslumbras con tu belleza,
hoy, que la juventud ha llegado a ti, te deseamos lo mejor de la vida,
porque en ella esté el amor, la paz, la alegría de la vida y tu salud,
hoy rogamos que nada enturbie tu vivir,
hoy rogamos porque la alegría de vivir perdure en ti,
rogamos porque recibas solo amor y ternura en tu vivir,
rogamos porque la vida te deje ser ese ejemplo de vida que siempre has sido,
hoy las campanas redoblan por el brillo de tu felicidad,
hoy contentos vemos que eres el fruto de nuestra lucha por tu felicidad,
hoy que comienza tu nueva vida con amor seguiremos atrás de ti,
hoy te deseamos que sea dentro de la fe y el amor a Dios,
paso a paso tornaste nuestras vidas para ver lo que hoy eres,
paso a paso seguiremos cuidando de ti para tu felicidad,
paso a paso te veremos caminar por la vida apoyándote,
paso a paso seguiremos amándote como siempre te hemos amado,
hoy rogamos a Dios porque ilumine tu camino en esta vida,
sé tan feliz como nosotros lo somos ahora con tu juventud llena de amor e
ilusiones.

¿Te vas?   10-05-15

Me dices que me dejas,
que has dejado de amarme,
que cansada estás de mí,
que tú has encontrado la verdad de tu vivir,
que yo nunca fui tu querer,
que yo nunca desperté en ti un amor verdadero,
que yo solo te expresé indiferencia y frialdad,
que no encontraste pasión ni deseo en mí,
pero he aquí que realmente nunca me conociste,
he aquí que te dediqué mi vida trabajando para llenar tu vida de realidades,
he aquí que el vivir y trabajar cansó mi mente,
he aquí que dentro de mí te amé y te deseé como a nadie,
que yo nací para amarte a ti con toda mi dedicación,
que yo te amaba cada día más y más,
que hoy veo que tú no comprendiste mi entrega a ti,
que hoy para mí el tiempo se fundirá sólo en tristeza,
que hoy no podré saber vivir sin ti,
espera, espera no me abandones,
aprovechemos cada momento para renacer nuestro amor,
espera, espera que yo sin ti, moriré.

El amor en tus manos   10-07-15

Ten el amor en tus manos para darlo,
deja de odiar a los demás cuando no sabes si te aman,
inspira tus ideas en la grandiosidad de la amistad,
inspira tu vida, que todos esperan de ti lo mejor,
amor, cariño, bondad, ayuda, compasión,
son palabras que de ti esperan los demás,
mantén tu ser en el amor, que eso te salvará,
porque si esperas que con tu odio te acepten, equivocada estás,
jamás encontrarás felicidad en tu vivir con tu odio,
todos esperamos la gloria de tu ser,
danos, danos la paz a nuestros sentimientos,
no nos des tu repudio, que nosotros te amamos,
te amamos con la grandiosidad que Dios nos da,
caminemos juntos labrando un mundo de amor,
construyamos con ladrillo por ladrillo de amor nuestras vidas,
cerremos nuestros corazones al odio,
caminemos dedicando nuestras vidas a quien nos da amor,
la vida es maravillosa cuando la vivimos en el amor,
danos, danos esa paz que nuestras almas piden,
danos esa caridad que todos pedimos,
que de ti esperamos tu belleza del alma.

¿El amor para ti?   10-26-15

¿Cómo puedo saber qué significa para ti el amor?,
cuando no lo demuestras, y que sabes que es lo que quiero de ti,
vamos muéstrame lo que es para ti el amor,
que para mí saber amar no tiene fin,
que amar es tan sublime y sin confusiones para mí,
por eso te digo que te amo, que te amo con toda mi razón,
porque yo te amo sin dudas ni temores,
te amo porque para mí eres lo más especial que ha habido en mi vida,
vamos ven demuéstrame que es para ti el amor,
no me encierres en la oscuridad,
en esa oscuridad que da la duda en el amor cuando no te lo muestran,
que yo ya no encuentro razón de vivir sin tu amor,
pero que si en tus oraciones me tienes, entonces podré saber que me amas,
porque yo así con tu amor me llenare de vida,
porque yo por ti comencé a llenarme de ilusiones por tu amor,
porque hoy con tu amor vivo rodeado de tu dulzura,
porque así recordare cada despertar tu entrega nocturnal de amor,
por eso así sentiré que me amas a pesar de tu silencio,
porque aunque sé que no demuestras tu amor, lo das,
aunque veo que el estar junto a mí, es tu forma de amarme,
por eso a cada momento que vivo a tu lado, tengo tu amor,
por eso quiero entregar en tu corazón la ilusión de mostrarme tu amor,
porque cuando te veo, las nubes adornan tu belleza,
hermosura de la que día a día, me enamoro más y más,
esplendor que en ti, además es por todo tu maravilloso cuerpo,
y también en tu encanto está en tu forma de ser,
y es por eso que te pido perdón por pedirte me demuestres tu amor,
cuando a cada instante me llenas de amor y pasión.

Terror en mí   10-17-15

Ven a mí que el terror me está dominando sin ti,
esfuma de mi vida el terror y la angustia,
revive en mí los momentos vividos contigo,
revive en mi la pasión y el calor de tu cariño,
revive en mí cada momento de pasión y deseo que me diste,
volvamos a caminar por nuestras playas,
volvamos a oír el golpear de las olas en la arena pero amándonos,
volvamos a revivir cada beso que nos dimos entre las olas en la arena,
volvamos a caminar en busca de la alegría de nuestro amor,
volvamos a sentir nuevamente cómo brota el deseo en nosotros,
revivamos cada noche el amor que nos dimos,
retorna a mí tu canto y dulzura,
hazme sentir nuevamente el calor de tu pasión,
revivamos los atardeceres a la orilla del mar,
porque nada se compara a un atardecer en tus brazos a la orilla del mar,
porque de ellos brota el brillo de tus ojos que sólo amor prodiga,
no dejes que el frío de la noche congele el calor de tu pasión,
porque el frío sólo puede retornar el terror y la angustia en mí,
ven a mí, cobija mi ser con el calor de tu amor,
revive en mí todo el esplendor que la vida a tu lado tuvimos,
ven a mí que yo sólo en tus brazos puedo sentir el amor,
retorna a mí el encanto de tus palabras enamoradas,
volvamos a revivir nuestro mundo de amor.
volvamos a soñar nuestras fantasías a la orilla del mar,
revivamos lo que no debe acabarse en nuestras vidas que es el amor y pasión.

Atardecer   10-28-15

Ven en este atardecer a mi lado,
siente el amor como lo siento yo,
siente la vida con su esplendor como yo la veo,
siente, siente lo que yo, viendo el mar y el cielo,
siente la alegría de vivir, como la siento yo,
ve, ve cómo veo yo las olas llegar,
ve, ve cómo veo yo la espuma de las olas su belleza,
ve cómo palpita tu corazón en este paraíso de amor y escultural,
canta, canta con toda tu alegría, que aquí es vivir con amor,
amar a cada instante, cada flor cada planta, con toda su belleza,
amar cada paso a través de la playa con la emoción que da el vivir,
contempla el volar de las aves y canta con ellas,
contempla el brillo que te da el mar,
contémplalo porque ahí hay vida,
canta, canta que la pequeñez se siente ante tan maravillosa naturaleza,
amémonos como nunca lo hayamos hecho ante este esplendor del mar,
amémonos al ritmo que las olas nos da con su llegar,
del amor con su ritmo,
que el amor no se acabe en nosotros como no se acaban las olas,
fuiste la única mujer con el alma más angelical para mí,
tú siempre luciste tan especial para mí,
nunca, nunca podré dejar de amarte,
decirte cuánto te amo te hizo siempre sonreír con amor.
porque en ellas nos dan la emoción

Conocerte 10-2-15

Conocerte fue conocer las maravillas del mundo,
todas tan espectadoras y de grandes coloridos como tú,
todo fue como escuchar la más grandiosa melodía,
todo tuvo tanto encanto que hoy no dejo de soñar en ti,
fuiste como la mayor historia de amor en mi vida,
Hasta que te encontré te valoré,
La grandiosidad de la vida la valoré con tu amor,
las sensaciones del amor y la pasión las encontré en ti,
tú has sido el amor a valorar mi vida,
tú has venido a iluminar mis pensamientos,
tú has venido a enseñarme lo hermoso de vivir con amor,
tú has logrado despertar mi mente en vivir para engrandecerte,
tú has venido a enseñarme a vivir sin sufrir,
hasta que a mi vida llegaste, yo vivía en la soledad,
hasta que llegaste, mi vida sólo era sufrir,
hasta que a mi vida llegaste me enseñe a valorar todo,
si a valorar cada amanecer, cada día que con amor viviera,
la vida hoy para mí se ha desterrado la soledad con tu amor,
hoy sé que pensar en ti es vivir,
hoy sé que ya no hay lágrimas en mi vivir,
hoy veo que la vida a tu lado es la vida en todo su grandiosidad,
porque sólo contigo las flores florecen con todo su esplendor,
hoy sé que la pasión de amarte será eterna.

Ansiedades   11-16-15

Día a día llenaste mis ansiedades del vivir con amor,
el olor de tu cuerpo me incitó siempre al amor,
me diste los momentos más intensos de mi vida con tu amor,
nunca dejaste espacios sin llenar con tu amor,
paso a paso deleitaste mi alma y mi cuerpo con tu amor,
enamorado siempre me tuviste de ti,
tus palabras fueron como notas escritas siempre dando amor,
tu pelo, tu rostro, tus manos, tu cuerpo en sí,
fueron siempre el complemento de tu hermosura,
fuiste la única mujer a quien sólo amé,
fuiste la única mujer con el alma más angelical para mí,
tú siempre luciste tan especial para mí,
nunca, nunca podré dejar de amarte,
decirte cuánto te amo te hizo siempre sonreír con amor,
me enseñaste lo maravillosa que eras para amarme,
con tu amor he de vivir hasta la muerte
porque como tú nadie podrá existir para mí.

Un ser especial   12-15-15

Eres el ser más especial que tocó mi corazón,
el ser angelical que supo despertar en mí el amor,
el ser que me hizo conocer el amor más profundo,
el ser que día a día me alimentó con su amor,
el ser que creó en mí las ansias infinitas de vivir,
de vivir amándote cada segundo de mi vida,
de vivir adorando cada palabra, cada mirada tuya,
porque el vivir con tu amor fue la gloria en este mundo,
la gloria de vivir en un paraíso con tu amor,
sentir la cercanía de tu cuerpo es toda una emoción,
una emoción que solo en ti pude encontrar,
amarte cada día fue el despertar a una eternidad,
a una eternidad donde sólo amor y vida hay,
porque en ti tu corazón palpita lleno de amor,
porque en ti la pasión y el deseo sólo en ti lo hay,
amarte lentamente y dulcemente es mi vida,
amarte muy despacio me roba el pensamiento,
la vida sólo la vivo contigo en mi mente,
en mi mente se oye siempre la alegría de tu canto,
canto celestial que sólo un ser como tú puede cantarme,
amarte ha sido la mejor tarea de mi vida,
sí la muerte viene a mí, con tu amor ni la sentiré.

En una hoja de papel   12-22-15

Verter en una hoja de papel mis recuerdos,
es verter el amor, la tristeza, la alegría y tanto más,
tanto que es difícil describirlo todo,
porque a mi mente viene el pasado,
ese pasado que tanto tuvo mi vida,
ese pasado que se llenó de tanto amor y sufrimiento,
ese pasado donde día a día te tuve a ti,
ese pasado que hoy se vierte en lágrimas,
lágrimas sí, porque difícilmente podemos revivirlo,
ese pasado lleno de esperanzas y aventuras,
pero hoy vierto en el papel la alegría,
la alegría de tratar de revivir cada día de mi vivir
y la alegría de verter en papel la alegría de cada uno de mis días,
difícil sí, muy difícil pero tan emocionante,
porque el revivir el pasado es tan emocionante,
que las lágrimas brotan con facilidad con los recuerdos,
sólo la esperanza de vivir como en el pasado me alienta,
y esperar verter en papel todas las emociones y lágrimas que a mí vengan.

Angustia
12-30-15

Quisiera acabar con esta angustia que hoy me domina,
la vida ha sido hermosa pero también tenebrosa para mí,
hoy la angustia de lo desconocido me impresiona,
¿Cómo sentir que nada pasa? Cuando hay tanto temor,
Quisiera retomar a la tranquilidad de mi vivir,
quiero olvidar ese vivir en la aventura,
sí, porque me llenó de temores más que de felicidad,
hoy ya los atardeceres son más hermosos en la paz de la tarde,
sí, porque hoy no pretendo tener aventuras,
sí, porque también me he llenado de problemas físicos,
hoy las flores, la música, la paz de mi jardín,
llenan mis expectativas de vida,
puedo soñar, cantar, bailar todo en la paz de mi jardín,
escucho los sonidos de la música acompañados de paz,
todas mis aventuras son ahora mis recuerdos,
desear más ya no me entusiasma ir a encontrarlas,
las luces de grandes ciudades ya no son de mi interés,
mis aventuras me llevaron a ver mucha maldad y soledad,
hoy si deseara viajar lo haría por mar pero en un mar calmado,
quizás ver un atardecer en la playa pero no lejos de aquí,
desear terminar mi vida en la quietud y no entre tanta maldad,
maldad que hoy se ve en guerras y matanzas por doquier.

De las sombras

Salgo de las sombras emocionado,
porque te he encontrado a ti,
mi tristeza ensombrecía mi vivir,
y aunque cantaba, reía, vivía, en las sombras era mi vivir,
¿Cómo no alegrar mis pensamientos?
Si la suavidad de tus palabras enternecían mi alma,
el calor que a ellas les dabas hacías volar mi imaginación,
el sentir el calor y la suavidad de tu piel me despertaba,
encendiendo en mí la pasión por ti,
la suavidad de tu cuerpo realzaba mi vivir,
cada instante que de tu cuerpo disfruté, viví,
hoy no hay sombras ni tristezas en mi vivir,
la grandiosidad de ti me inspira en mí vivir,
hoy canto, bailo, y el amor contigo es mí vivir,
hoy has hecho que la vida esfume de mi ser la soledad,
hoy has hecho revivir mis deseos y el amor en mi vivir,
hoy solo espero el calor de la noche para amarte en mi vivir,
orar, pasear, trabajar, luchar en este mundo es hoy mi vivir,
porque hoy en tus brazos y en tus ojos reflejas mi vida,
hablas con tus manos expresándome tu amor,
que en este vivir el calor de tu cuerpo y con tu amor es vivir,
al cielo imploro que te pueda amar por siempre,
tu amor y tu pasión son infinitos hoy en mí vida.

Tu belleza   01-14-16

Embelesas mi alma con tu belleza,
tus ojos abren en mí el infinito de un amor,
de un amor que sólo en ti puede existir,
eres un ángel envuelto en la grandeza del amor,
sentir tu amor en mí es hacer brotar vida,
de tus labios solo escucho el amor que me profesas,
en tus oídos sabes que solo mi amor oirás,
en tu ser brilla la esperanza de cada día para el amor,
con tu ser se puede esperar la bendición de la gloria,
porque con tu ser y tu amor el paraíso nos esperará,
la vida en ti se cifra en un candor y belleza inusual,
la vida se cifra en un futuro sin igual a tu lado,
la vida a tu lado se siente el amor y el ardor de la pasión,
cada día es y será una gota del cáliz del amor,
cada día brotará de mi corazón la alegría de tu amor,
cada día será la espera de la realización del amor contigo,
de tu rostro brotan las sonrisas del amor,
y en cada amanecer nuestras vidas se fortalecerán con amor,
amémonos por siempre porque en ti hay un ángel.

Como un extraño

2-1-16

Siento que fue muy triste para ser cierto,
todos los caminos que recorrimos, tristes fueron,
porque toda una vida amándote y tú nunca,
porque siempre me sentí un extraño junto a ti,
hoy no puedo sostenerte de mi mano, a mí,
hoy sé que jamás fue cierto el amarme,
fue muy hermoso soñar que nos amábamos,
pero el fingirme que me amabas fue tu mejor arma,
por eso hoy digo que pareció hermoso para ser cierto,
hoy la realidad de nuestras vidas es la frialdad,
la frialdad de tus sentimientos porque nunca me amaste,
siempre viví soñando con tu pasión en cada noche,
pero siempre fueron sin amor,
por eso me repito hoy que tu frialdad acabó con mi amor,
hoy la realidad es esperar mi desenlace,
un desenlace que traerá alegría para ti,
sí, porque será la libertad que tanto esperaste,
fue muy hermoso pensar que me amabas para ser cierto,
te amé sí, y por eso deseo tanto mi desenlace para que seas libre,
vagaré por el infinito en mi triste soledad,
ya que también no me diste oportunidad de ver otro camino,
y la vida se está acabando ya para mí.

Una tarde   1-11-16

En el esplendor de la tarde te conocí,
en aquellos rayos del sol que iluminaban tu belleza,
fue en esos momentos que empecé a enamorarme de ti,
poco a poco te fuiste adueñando de mi corazón,
tus besos excitaban mi ser con pasión,
en tu caminar me demostrabas tu belleza para amarte,
y fue que era amor por ti y no deseo lo que me ato a ti,
era tu corazón y tu forma de amarme por lo que te amo,
pero ¡Oh iluso de mí!,
tú construiste todo un castillo de amor en mí,
pero poco a poco empezaste a destruirlo,
su destrucción lo hiciste hasta los cimientos,
no dejaste nada que demostrara amor por mí,
me dejaste navegar por la vida contigo a mi lado,
tantos caminos que recorrimos y tú siempre fría,
fuiste demostrando poco a poco quién eras,
y cuando por fin comprobé que no me amabas,
mi vida se convirtió en ese camino muerto en vida,
sí, a morir ya que nada sonaba en mí,
tú te convertiste en tan solo una sombra,
ya que no supe cuando me dejaste.

A ti Hija   02-05-16

A ti hija que has sido el mayor dolor de mi vida,
te ruego con el corazón desgarrado por tanto dolor,
déjame acercarme a ti con mi amor de madre,
que el haberte criado en mi vientre es mi principal razón de amarte,
cada día desde que partiste te perdí, haciendo casi perder la vida,
como expresarte el dolor de haberte perdido,
que no se compara con haberte dado la vida en el parto,
quiero compensarte con mi amor todo tu sufrimiento,
porque yo te entiendo lo difícil que es no tener a quien te dio la vida,
por eso pienso seguir rogándole a Dios porque me ayude a lograr tu amor,
y con tu amor la cercanía a ti,
deja llegar a esta madre tuya a ti,
para vivir hasta la eternidad buscando y defendiendo tu felicidad,
sé que necesitas de amor y comprensión,
y sé también que como la mujer que te dio la vida podré ayudarte a tenerlo,
y es por lo mucho que te amo,
dame la oportunidad de revivir el ser tu madre,
acompañémonos juntas al lado de Dios,
porque el resto de mi vida a tu lado esté lleno de amor y lucha por tu felicidad,
no eches en saco roto las palabras de tu madre que te ama tanto.

Tú y el mar   02-012-16

Grabaste en mi corazón tu imagen sagrada,
sagrada porque brillaste para mí como el sol,
caminar a tu lado por la playa, especial fue,
fue, porque al sentir tu cuerpo junto al mío,
se llenaron de amor nuestros momentos,
cuando las olas barrían nuestros pies nos hacían unirnos más,
abrazarte contemplando el atardecer fue vivir en amor,
tus sonrisas y tu canto alegraban esos momentos,
momentos que me hicieron amarte profundamente,
hoy caminamos juntos por nuestra vida con amor,
de la mano nuestros destinos se forjan en el amor,
el resplandor de cada tarde hace revivir nuestro amor,
el mar, las montañas son el marco de nuestro amor,
los años pasaron y pasarán amándonos,
amándonos en un amor puro y constructor,
juntos amándonos seguiremos viviendo construyendo nuestro paraíso,
no puedo ya dejar de pensar en ti a cada momento,
eres la dicha convertida en mujer,
déjame, déjame amarte hasta la eternidad,
imploremos a Dios nos deje amarnos eternamente.

¿Quién?   02-07-16

¿El amor de tu vida soy?
¿Cómo saber qué hay en tus pensamientos?
¿Cómo saber qué es lo que ilumina tu ser?,
¿Cómo saber qué o quién está en tu pensar?
Yo sé que en ti estoy en tus pensamientos,
Pero sé también que es por tus obligaciones a mí,
¿Pero cómo saber si en tu mente soy tu tortura?,
¿Cómo? ¿Cómo saber si nunca expresaste tu sentir?
Acaso domina en ti la respuesta más femenil, ¡Nada!,
no comprendes que amarte, desearte, verte, es mi mayor deseo,
yo te amo en todas las circunstancias de nuestras vidas,
tú dominas todos mis pensamientos,
tú eres lo más grandioso del amor para mí,
tú eres la luz de mi despertar cada mañana,
y en el día dominas todo mi ser,
para así esperar la noche y recibir tu entrega,
entrega que en mis pensamientos es con todo tu amor,
por eso hoy ante tu silencio me siento intrigado,
¿Me amarás realmente?
¿O solo cumples tu obligación de esposa?
Comprende que te amo como a nadie,
porque tú eres el más grande amor de mi vida,
vamos amor, vamos, demuéstrame quien soy para ti.

La luna y tu amor   02-23-16

Es la luz de la luna la que en su espacio ilumina mi camino,
es la luna la que en su brillo revive la belleza de tu rostro,
es su luz la que enciende en mi corazón mi devoción por ti,
es su luz la que retorna una y otra vez la belleza de tu amor,
hoy sin ti, es como caminar sin su luz,
oscuridad en todo mí alrededor sin tu presencia,
porque es tu amor el que como la luna engrandece mi vivir,
hoy no puedo vivir sin la esperanza que me da tu amor,
porque es como recibir el anochecer y el amanecer con tu amor,
déjame llegar a tu corazón como el brillo de la luna que penetra en mí,
déjame encandilarte para que con tu amor caminemos juntos,
caminemos por los valles del mundo protegidos con nuestro amor,
protegidos e iluminados por la luna y el sol,
para que no caiga en nosotros ninguna tormenta,
ni tampoco las tormentas del infortunio o las desgracias de la vida,
ven caminemos hoy en los espacios iluminados por el amor,
toda una vida nos espera de luchas y amor por la felicidad,
aunque las tristezas lleguen a nosotros, las revertiremos con nuestro amor,
ven, ven, que el amor nos ilumine como nos ilumina en esta noche la luna,
entreguémonos en la plenitud de lo que nuestro amor nos dé,
te amo y te amaré cada día y noche de mi vida.

La fría brisa   02-12-16

Golpea mi rostro la fría brisa de la tarde,
las gotas del rocío enfrían mi semblante,
como en un espejo veo reflejado mi vivir,
paso a paso puedo ver cada etapa,
esa vida que en muchos momentos fue tan triste para mí,
el hambre, la miseria y la soledad me dominaron,
pero hoy en esta fría brisa veo también la felicidad,
sí, porque en medio de mi soledad te encontré,
y en ese espejo de mi vida lo llenaste de amor,
porque en ese espejo eran las aguas de tu amor,
amor sereno, tranquilo y maravilloso,
yo hoy vivo en tu amor, soporte de mi vida,
hoy es verdad tu vivir a mi lado,
apoyándonos mutuamente en nuestro vivir,
viviendo en una realidad sin hambres ni miserias,
esa vida que me impulsaste a forjar con tu amor,
hoy golpea si mi rostro la felicidad de tu amor,
por eso hoy en medio de la fría tarde soy feliz,
feliz porque de tu mano hoy vivo.

¿Amor u Odio?   02-24-16

¿Sopesas mi ser para amarme u odiarme?
mi vida te la entregué llena de amor a ti,
mi lucha por amarte te la demostré cada día,
me enfrenté a cuanto esfuerzo encontré por darte felicidad,
los años han pasado y en la desesperación por vivir,
sólo me asalta hoy la inquietud por saber,
¿Tú me amas o me odias?
Ha sido una constante en nuestro vivir,
porque ha sido siempre tu frialdad la que me diste,
por eso hoy pregunto,
¿Tu frialdad es infinita para que nada inspire tu ser?
Tú fuiste muy especial en mi sentir,
no encontré a nadie como tú,
tú llenaste mi mente con tu ser,
pero hoy me doy cuenta que no hay amor,
que no siento lo que tanto creí vivir contigo,
porque hoy el diario vivir a tu lado, hoy lo veo,
tu frialdad siempre existió en nuestra relación,
¿Fingías? ¿Cómo saberlo?
Si sólo viviste como si fuera un servir sin amor,
cuántas dudas hoy me asaltan de tu amor,
por eso te pregunto ¿Tú me amas o me odias?

Tú y tus palabras   02-25-16

Rómpeme el corazón con tus palabras de amor,
rómpelo en pedazos, destruye la dureza de mis sentimientos,
y déjame reconstruirlo con tu sensibilidad,
esa sensibilidad que tiene la hermosura de tu amor,
esa hermosura de corazón que denota la belleza de tu alma,
en ti el candor, la inocencia de tu ser me engrandece,
necesito de ti para volver a vivir,
necesito de ti para aprender a valorar cada sentimiento de amor,
necesito volver casi a nacer para copiar tu forma de vivir,
déjame, déjame amarte y reconstruir mi vida,
una vida que a tu lado se llenará de esperanzas,
una vida forjada en la luz divina de tu forma de amar,
solo tú llenas los jardines con las flores de tu belleza,
solo tú llenas el mundo de alegría con tus cantos,
solo tú sabes lo que es amar,
solo tú sabes darle la luz a cada día de tu vida,
solo tú sabes enseñar a todos cómo vivir rodeados de oración,
oraciones que nos enseñan a amar la vida que Dios nos da,
porque en ti la creación está en tu corazón, de el parte la gloria porque tú sabes
lo que es amar y ser amada a de tu vivir,

Renacer   02-29-16

Por mi ventana los rayos del sol llegan a mí,
la juventud de mí ha partido,
hoy siento y veo los recuerdos de entonces,
hoy veo los atardeceres en la soledad,
hoy veo también la inmensidad del mar,
el ocaso del sol que nos dice que es el final del día,
pero hoy para mí es el ocaso de mi vida,
ese ocaso en que me acompañaste tantas veces,
ese ocaso que hoy veo en mi soledad,
ese ocaso que se ve sin amor y alegría,
¿Cómo volver a soñar en el gran amor que tú me diste?
Ese gran amor que brilló tanto en nuestras vidas,
ese gran amor que no tuvo igual,
ese gran amor que nos llenó de pasión y alegrías,
ese gran amor que se llenó de tantas aventuras,
por eso hoy en el ocaso de la tarde mis ojos lloran,
lloran porque tú ya no estás,
con la soledad en que me dejaste sé que el amor renacerá,
renacerá cuando me reúna contigo en la eternidad,
donde todo renacerá para los dos,
donde todo sólo será amor y oración.

Fantasías   03-05-16

No es la fantasía tan solo del vivir,
la fantasía de vivir es saborear cada instante de la vida,
es la fantasía de engrandecer tu alma con las maravillas que hay,
es la fantasía de verte rodeado de amor y belleza de la naturaleza,
es la fantasía que se produce en tu corazón con la música,
es la fantasía que se forma a tu lado cuando te ves amado,
es cuando vives orando y dando gracias por tanta belleza,
porque es esplendor el saber conocer la armonía que te da el vivir con amor,
porque es grandeza cuando te llenas de imaginación,
imaginando con el sentimentalismo que te da la ternura de vivir,
es saber que cada nota de música te lleva a la fantasía,
que te lleva a la fantasía clara y llena del amor a Dios,
no puedo dejar de vivir en mis fantasías,
fantasías que en mi imaginación se forman en el amor y la pasión por vivir,
vivir con el aprecio al talento de los demás,
porque te producen la fantasía de vivir con amor,
mis fantasías se forman en la grandiosidad de amar y no odiar,
no puedo vivir en las sombras que te produce la maldad,
porque en ella no hay fantasías solo destrucción,
y con el amor al vivir si se llena de fantasías la vida,
en mis fantasías de la vida doy gracias a Dios por dármelas.

Tu abandono   03-05-16

Mis ojos se derraman de llanto,
la tristeza en mi corazón la ha invadido,
tu abandono ha encasillado mi vida en la desolación,
hoy tengo que luchar contra mí mismo,
te amé tanto que nunca esperé tu abandono,
te amé tanto que cada día era un despertar a la alegría,
tanto me ilusioné en ti por el esplendor que había en ti,
te amo y te amaré siempre y te lloraré el resto de mi vida,
porque como tú, nunca encontraré otra mujer como tú,
porque fuiste siempre un ejemplo de vida,
llenaste cada espacio de tu vida por luchar por todos,
llenaste cada momento de tu vida esparciendo tu caridad y amor,
tu ejemplo me hizo amarte como a nadie,
entregaste a mi corazón lo más hermoso de ti,
hoy que sé la razón de porqué fue tu abandono,
y que fue porque tu lucha por vivir fue infructuoso,
por eso sé que no volveré a vivir como lo hice a tu lado,
hoy tengo que dejar a un lado los sueños que juntos forjamos,
porque aunque sé que fue tu plegaria, hoy sólo mi exterior lo hace,
tus campañas de amor y felicidad he de seguirlas,
pero la tristeza siempre acompañará ya mi vivir,
te juré amarte eternamente y será lo que en mi vida haré,
sólo viviré esperando el momento de ir a ti para amarnos eternamente.

Otoño   03-13-16

Es otoño ya, y las hojas de los árboles caen,
pero nuestro amor no cae,
ese amor que comenzó en un otoño cuando cruzaste mi camino,
hoy pasan inviernos y primaveras y te sigo amando,
porque cada día al despertar en tus brazos siento vivir,
los colores de la vida son magia a tu lado,
los colores del arco iris con tu amor brillan más,
sus colores como tu amor despejan mis tormentas,
porque al vivir en la comunión de tu amor, se ilumina mi vida,
porque tú te convertiste en la luz de mis caminos,
yo espero llenar los deseos de tu vivir como lo has hecho tú,
deseos de amor y felicidad que no empañen tu vivir,
deseo ser ese ser que tú eres para mí,
con tu amor mi vida se llenó de amor y ternura,
con tu amor encontré ese lugar donde solo amor y vida hay,
en algún lugar del paraíso te crearon para traerte a mí,
en tu corazón sólo sembraron amor,
porque solo amor sale de tu corazón,
porque fuiste el puente que me brindó mejor vida,
de tus labios bebo el vino que me da la vida,
porque cada día amarte es luchar y vivir en el paraíso,
ese paraíso de amor que solo tú supiste darme,
por qué con tus ojos el mundo se ve maravilloso,
a tu lado el mundo se ha convertido para mí en amor y sueños.

Prevenir el Cáncer 03-15-16

En la soledad que me has dejado,
mi alma llora por tu amor,
un amor que supo engrandecerme,
un amor que llenó de alegría mi vida,
un amor que me enseñó a luchar día a día,
a luchar por la vida, por tu amor, por tu felicidad,
hoy no puedo soportar la soledad,
esta soledad en que me abandonaste,
pero que hoy sé que mi culpa fue,
porque no te supe cuidar de tantas enfermedades,
porque el Cáncer solo Dios lo puede controlar,
pero hoy, al caminar entre las hojas secas pienso en ti,
tú maduraste como una hermosa flor que fuiste,
pero hoy si sé que como a las hojas secas te deje marchitar,
hoy sé que por no hacer más esfuerzos, en tu final comprendí,
que hoy sé que hubo momentos de amor y felicidad,
pero hoy sé que debí mezclarlos con la prevención del Cáncer,
porque hoy retumba en mi mente, que no lo prevení,
que fue mi culpa por no prevenirlo a tiempo,
por eso hoy lloro en esta soledad de la que soy culpable.

Magia

03-15-16

La magia de tus encantos me hace vivir,
en ellos encuentro lo mejor del vivir,
del misterio de donde viniste, en mí resucitó el vivir,
mi alma se había perdido en la inmensidad de la tristeza,
sólo tú has volcado en mi alma el deseo por amarte,
sólo en ti puedo encontrar la magia de la vida,
sólo en ti el amor se multiplica en dichas,
sólo en ti a cada paso es encontrar razones para amarte,
sólo en ti existe la verdad de vivir con razón de crear,
sólo en ti existe la alegría de cantarle a la vida,
sólo amarte, idolatrarte, besarte por el resto de mi vida deseó,
te amo, te amo, como lo más mágico y grandioso que tocó mi corazón,
te amo y te seguiré en cada momento de la vida,
nada me alejará de tan hermosa alma de mujer,
tus encantos van más allá de la pureza de vivir con amor,
porque es la magia de tus encantos lo que me enseña a amarte,
sólo tú has encantado mis sentidos con tu amor,
no puedo ya desencantarme de tu magia de amor,
porque sólo tú has sabido conducirme por las sendas de tu amor,
y en ellas me conduciré hasta la eternidad con tu encanto de mujer.

En tu peregrinar   03-20-16

Al calor de tus caricias me fundí en tu amor,
tus besos me hicieron desvanecerme en tu amor,
al caer en la maravilla de tus palabras, me enamoré de ti,
tus palabras y caricias enternecieron mi corazón,
cada una, llenas de amor y pasión, desbordaron mi alma al amor,
cada una me hizo reflexionar sobre este hermoso mundo,
un mundo en el que tu ser se creó y me escogió a mí para amarme,
ese acto de amor que vi en ti y en tus ojos, me ilusionó,
ilusionó por siempre mi alma para amarte infinitamente,
tu belleza corporal es tan grandiosa como la de tu alma,
una mujer tan bella, que nunca imaginé se enamoraría de mí,
el candor de tu ser impactó mi corazón,
tus deseos de amor y vida tornaron en mí el amor a ti,
me llenaste de metas e ilusiones para amarte el resto de nuestras vidas,
nada igualó el besarte, siempre me transportaste al infinito,
a ese infinito que sólo un ser como tú, da,
fuiste esa peregrina que supo encausar nuestras vidas,
amarte es el mayor gozo que mi alma tiene,
ya que nunca hubo un amor que me impactara tanto como el tuyo,
no puedo imaginar una vida mejor que la que en ti he encontrado,
eres la joya más valiosa que el cielo me dio.

Encadenado   03-21-16

Quiero ver en tus ojos la sonrisa de la vida,
de la vida que sólo tu amor sabe construir,
esa sonrisa tuya que despeja el llanto,
tu gracia es perpetua tanto como tu hermosura,
puedo cantar, reír, bailar con tu amor,
en el cielo brilla tu hermosura de mujer,
como un ángel te veo con la luz de la luna,
tu rostro refleja paz y dulzura,
pero también refleja tus grandes valores,
tu rostro de mujer denota tu gran belleza,
pero es la belleza de tu forma de ser la que te engrandece,
pero el tratar de conquistar tu amor es tan sublime,
por lo que al cielo ruego por su ayuda para que me ames,
al encontrarte a la luz del atardecer me subyugaste,
en tus ojos vi las cadenas que me encadenaron a ti,
porque como un esclavo me enamoré de ti,
sólo tú podías encadenar mi vida a la felicidad,
esa felicidad que me dio tu amor de mujer,
esa paz que mi ser necesitaba para amarte,
hoy ya no puedo romper esas cadenas,
porque ni la muerte lo podrá hacer,
porque yo mismo me encadené a tu amor sublime,
aún en la eternidad, tu amor me encadenará a ti,
porque soy sólo ya un esclavo de tu amor.

Odios   03-26-16

Dejo andar mis pensamientos,
y me remonto a la tarde que por primera vez te vi,
tu silueta bellísima de mujer me impactó,
pero al ver tu rostro, ver en la profundidad de tus ojos,
vi la hermosura de tu alma,
la que encadenó mi vida a ti,
y en esa fuente que creí ver derramar amor y bondad,
era una fuente de cristal endurecido que sólo odio y maldad derramaba,
pero ya mi vida te pertenecía,
y esa hiel que de tu fuente derramabas, me bañabas con tu maldad,
inútil fue querer limpiar mi boca de tus malditos besos,
el mal estaba hecho, la profundidad de mi amor por ti era ilimitado,
ya no podía destruir ese amor por ti,
ese amor que supiste grabar en mi corazón,
pero de lo que no me di cuenta era la hiel de tu odio con que lo grababas,
odio que hacia los hombres sentías,
odio del que yo me di cuenta cuando até mi vida a ti,
tiempo de desesperación e hipocresía que tú me diste,
tiempos que poco a poco fuiste destruyéndome,
tiempos en que a la muerte buscaba sin encontrarla,
tiempos en que tus odios salían a relucir para dañarme,
tiempos en los que nunca te importó saber cómo era yo,
tiempos en que aun con tus odios, superé mi vivir,
mi vivir que era ser alguien valioso,
y mi lucha tuvo sus triunfos sin notar tus odios,
hoy la vida para mí es plena, tus odios no sé dónde quedaron,
mi vida está fortalecida en el amor y mis triunfos,
porque la ayuda la hubo aún sin ti.

Tú y las rosas   03-30-16

Tanto las rosas en el amanecer,
como tú, extienden sus pétalos para mostrar su belleza,
que con el rocío con que la noche las bañó, florecen cada mañana,
y así con el rocío de tu amor hacia ti,
floreces cada mañana para mostrar cuánta belleza puede haber en las dos,
por eso al verlas esa mañana, tú prendiste el amor en mí,
hoy espero cada amanecer para verte florecer en tu hermosura,
porque la vida de las rosas es breve,
pero tu vida, por tu esplendor, tu alma y tu gracia son eternas,
es por eso que como a las rosas, debo cuidar de tu amor,
porque una belleza como tú, no es como la de las rosas que perecen,
tú eres única por tu gran encanto y valor,
no puedo dejar de regar las rosas para su cultivo,
como no puedo dejar de cultivar tu amor,
porque es el trato diario el que embelesa mi vivir,
no puedo dejar de admirarte como lo hago con las rosas,
porque tu esencia es como el perfume de las rosas,
mientras florecen las rosas, su belleza es admirable,
pero tu esencia no, porque por tu grandeza,
nunca te marchitas como ellas,
tu grandeza es la hermosura en ti,
como son la hermosura de las rosas que engrandecen mi jardín,
amarte es la mayor gracia que tendré en mi vivir.

Mi sentir 04-05-16

Necesito expresar mi sentir,
a un ser que no tolera el desprecio del amor,
porque en su mirar existe la nostalgia de su gran valor,
porque las necesidades del vivir la han herido con gran dolor,
porque es una mujer llena de ilusiones por amar y gozar en su vivir,
porque es una mujer dotada de una gran belleza,
sólo una mujer como ella tan especial es para dar amor,
en mi caminar la encontré y su belleza me cautivó,
en mi pensar desear el amor, la encontré a ella,
porque hoy en mi corazón el desearla con amor es mi realidad,
porque mis sueños se volcaron en ella con sus ojos de ensueño,
hoy ese es el mejor sentimiento de amor en el mundo, para mí,
sus expresiones son la voz de una poeta del amor,
mi vida se ha complementado con la empatía de su corazón,
sé que del cielo bajó para esclarecer nuestro entorno,
y llenarnos sólo de amor a su lado,
y así al caminar sólo el cielo y sus estrellas nos iluminan al amarnos,
ya nada nos separa, ya no hay dudas de nuestro amor,
las huellas que seguí al encontrarla fueron las de un ángel,
un ángel que ha sabido darme la mayor razón para vivir con amor,
amarte es ya dejar las huellas de un verdadero y gran amor,
de una vida que se tornará en huellas indelebles de nuestro amor.

Por el campo   04-13-16

En la tranquilidad del campo,
y abrazando tu hermoso cuerpo,
siento cómo corre nuestro amor y pasión por mis venas,
que al igual que el río corre como si no tuviera fin,
el amor que me prodigas es tan hermoso como este lugar,
el trino de las aves y el sonido de las aguas correr,
son la música que envuelve mi pasión por ti,
¿Cómo no amarte si has sido para mí la imagen real del amor?,
¿Cómo no soñar en una entrega si tu pasión es tan grande?,
amarte, besarte y escucharte como me amas es incomparable,
quiero amarte sin parar como este río,
porque desbordas todas mis ilusiones en el amor,
no hay tiempo ni dolor en nuestro amor,
todo se vuelve una asombrosa fiesta de amor,
no necesito pedirte tu amor, porque sé que me amas,
decirle a la vida cuán dichoso me siento a tu lado,
es y será mí decir diario ante tanta belleza tuya,
seamos parte de la gloria de vivir en este paraíso,
sí, en este paraíso de amor y belleza que nos da Dios,
cómo podría desear otra vida si para mí no existe otra como la que me das,
porque solo tú me la das con tanta felicidad.

Por los cristales

04-15-16

Por el cristal de mi ventana filtras tu luz,
haciéndome recordar la grandiosidad de vivir,
ya que cada noche en unas lloré y en otras gocé,
pero siempre cuando te filtrabas adornaste mi vivir,
mis sueños engrandeciste con mi imaginación,
de amor se llenó mi vida y tú iluminaste mis noches de amor,
en las frías y lluviosas noches te extrañé tanto,
tanto que mis sueños se convertían en pesadillas,
por eso cuando el cielo esclarecía para ver tu luz,
las hojas y las rosas brillaban para cantarle a tu luz,
¡Oh! Luna, tu cara me hizo siempre imaginarla a ella,
Imaginarla porque como tú su belleza es infinita,
y su amor como tu luz ha iluminado mi vivir,
hoy y cada noche no puedo cerrar mi ventana,
porque es como cerrar el gran amor que tengo,
amor indeleble como tu luz que a veces las nubes también oculta,
y ella en su dormir, mi sentir es como una nube que la oculta,
pero que sé que a cada mañana brillará,
brillará como tú brillas en la luz del día,
para llenar mi corazón de amor y esperanza,
y hacerme sentir la maravilla que son para mí,
luna de la noche y del día,
como el gran amor de mi vida.

Soñando   04-21-16

Me sueño en la inmensidad de tu obra
no es una fantasía el imaginar poder volar por el Universo,
ya que sueño, sí volando a través de tanta maravilla,
sólo puedo sentir la emoción de ser una alma vagabunda,
que por todo el Universo vaga conociendo tantos mundos,
mundos que parecen llenos de magia y esplendor,
mundos donde la Naturaleza se adorna tan espectacularmente,
las estrellas lejanas me gritan con su luz y a ellas voy,
en ellas encuentro tantos misterios,
tantos que ni la piedra más hermosa se puede comparar a ellos,
su filosofía encierra tantos pensamientos de amor al escucharlos,
¿Cómo, cómo no volar por todo el Universo?
Por ese Universo que nos encierra en eternas creaciones,
los sonidos de las más grandiosas melodías se escuchan,
cantos de ángeles que bailan de estrella en estrella,
¿Cómo no disfrutar de tanto esplendor?
ese esplendor de luz, melodías y canto que en el Universo se produce,
mi alma vuela, vuela conociendo tanto del Universo,
tanto que mi alma se unifica en la grandiosidad,
en la grandiosidad que nos da la creación de todo,
cantemos, volemos que todo un Universo nos espera,
un Universo que nos costará una eternidad conocerle.

Niños   04-30-16

Niños en mi pensar, es llenarme de tristeza y alegría a la vez,
tristeza porque a tantos veo sufrir,
sufrimientos que ellos no merecían padecer,
lágrimas de sangre se me derraman cuando veo sus lágrimas,
mi desesperación es no poder realizar milagros,
milagros que les devuelva la alegría de vivir,
porque en mi vivir también hubo muchas lágrimas,
pero la vida me permitió llegar a la vejez,
por eso quisiera convertir mi mano en esperanza de vida,
para llenar de alegría a sus padres que tanto lloran por ellos,
por eso al ver tanto dolor mi ser grita al cielo,
Señor, dales un poco de tu misericordia,
alivia un poco sus dolores, dales esperanza,
esperanza de una vida sin tanto dolor,
una vida que los convierta en tus ángeles de amor,
rezo, rezo a ti Señor por esos milagros,
esos milagros que les dé vida y no dolor,
rezo porque sus vidas se llenen de color y amor,
déjalos ser Oh Señor esos ángeles que veo en ellos,
deja que llegue a ellos tu amor y misericordia,
para que un día lleguen a ser un ejemplo de vida,
esa vida que todos les deseamos.

Tu mirar   04-29-16

¿Cómo conquistar tu amor?
si no logro ni siquiera tu mirada,
eres como una estrella que brilla siempre,
¿Cómo lograr el gran amor que en ti veo?
Tu mirar parece imposible hacerlo voltear hacia mí,
sin embargo te llevo siempre en mis pensamientos,
los colores de tu piel, tus ojos, tu cara, todo en ti me hechizó,
y como si me hubieses marcado con fuego te llevo en mí,
lograr tu mirar será como encandilarte,
encandilarte para que solo mi voz te guíe a mí,
contemplo el salir de la luna soñándote a mi lado,
en sus rayos de luz te veo iluminada con todo tu esplendor,
por eso te amo porque para mí eres tan bella como la luz de la luna,
y así canto a su luz para tratar de que me ames,
es y será mi ilusión más grande el que me llegues a amar,
tu alma brilla en tu rostro como el ángel que eres,
amarte es y será mi gloria eterna,
ven voltea hacia mí que puedo llenarte de amor,
ven a mí que sin ti la vida se me va,
rescata mi ser de las penumbras de la vida,
ilumínala con el esplendor de tu rostro.

Tú   05-21-16

En un pedacito de cielo te encontré,
y a la luz de la luna me enamoré de ti,
y en cada noche busqué encontrar cómo enamorarte,
pero las inquietudes de la vida te alejaron de mí,
y por más que pedí a la vida que volvieras,
nada, nada sucedía y los años pasaron sin encontrarte,
tú, la ilusión más grande en mi vida te perdí,
la pena embargó mi vida y siempre por ti lágrimas derramé,
esa gran ilusión que clavaste en mi corazón me hirió por siempre,
me hirió por siempre para nunca encontrar otro amor como tú,
tú grabaste en mi corazón tu hermosura de mujer inigualable,
esa hermosura de alma que te rodeaba,
en ti vi la mayor grandeza que el amor puede dar,
en tus ojos vi la profundidad de un gran ser,
y hoy en estas tinieblas mi corazón herido te llora,
te llora porque tú nunca sabrás cuánto te amé,
que en ti vi la mayor esperanza de vida con amor,
hoy sí me pregunto una y mil veces donde estarás,
quisiera regresar el tiempo para tratar de robarte el corazón,
robar tu amor, para que en mí vieras la promesa de vida,
esa promesa de vida que sólo el amor compartido da,
esa melodía que en tu voz tenías llenó tanto mi corazón,
que noche a noche oigo tu canto de amor,
pero que sé que sólo sucede en mi imaginación,
pero es tu canto la melodía que me da vida,
y a pesar de los años, mi amor por ti nunca se ha acabado,
cada día eres el sol, la luna, eres todo lo que en mi vida busqué,
sólo tú pudiste llenar mis sueños de vida con amor.

Nadie como tú 04-26-16

Fui tan feliz cuando te vi, que el conocerte era lo mejor que a mi vida llegó,

sufrir era el día a día de mi vivir, pero al encontrarte todo cambió,

ya no fue el sufrimiento diario de mi vivir, era ahora tu amor el que lo cambió,

era tu amor el que compensaba mi vivir,

era tu maravillosa imagen que con tu amor me hacía vivir,

desde que te vi, mi mente se enlazó a ti,

tu amor y tu figura, emocionaron mi vivir pensando siempre en ti,

como tú, ya a nadie encontré, porque tú fuiste la única mujer especial en mí,

la única mujer que sentó su imagen divina en mí,

para mí el amarte, fue mi mayor deseo,

para mí el contemplarte, era pensar siempre en la felicidad del amor,

conocer que en cada palabra tuya había amor, era escuchar al cielo,

tú me enseñaste lo que era vivir rodeado de amor,

tú fuiste el encanto que la vida puede darte cuando amas a un ser como tú,

tu cuerpo, tu rostro, tus palabras, me hacían siempre sentir la felicidad,

tú hacías de mí vivir el ser más feliz rodeado de tu belleza,

tú desapareciste de mi vida la soledad, la tristeza y la angustia,

tú supiste llenar mi corazón de ilusiones, tú me acostumbraste a ti,

tu amor llenó mi corazón de esencia y pasión,

tu amor supo llenar de color mi vida al llenarla con amor y pasión,

¿Cómo? Cómo podría ya vivir sin ti,

Vivir sin ti era regresar a las tinieblas de la soledad y la tristeza,

por eso ya no puedo dejar de pensar en ti y tu grandeza,

por eso quisiera llenar tu vida de amor,

regar tu corazón como si regara un rosal,

porque tú brotas cada día llena de alegría y amor,

como brotan las rosas de los rosales llenas de esplendor y color,

como si fueras una estatua de Oro y Plata forrada de Diamantes, Rubíes y Esmeraldas.

Rosales   05-29-16

Entre esos rosales maravillosos caminabas con tu belleza,
rosas que con su aroma y colores radiaban tu esplendor,
y entre ellas tú con tu voz las engrandecías con tu canto,
así entre ellas, tu belleza resaltando y con tu canto más resaltaban,
entre toda esta grandeza, difícil fue no enamorarme de ti,
enamorarse de un ser con tan angelical belleza,
un ser que radia amor y belleza como las rosas,
un ser que demuestra su gran lucha por vivir con amor,
esa lucha que sólo seres como tú la logran,
por eso cada noche, cada día, enamorado vivo de ti,
por eso, cada día con tu grandeza, mi amor se alimenta por ti,
cada día, cada noche el amar a un ser como tú no tiene igual,
un ser sin igual que me hace pensar sólo en ti,
un ser que la vida misma doy por ti,
un ser que a mi corazón llega siempre con amor,
no hay día ni noche que no me llene con tu imagen hermosa,
recordar cada momento vivido a tu lado es amarte con todo el corazón,
en las frías noches, tu amor conforta mi ser,
en las frías noches tu amor me llena de recuerdos,
recuerdos de cada momento vivido a tu lado,
en la gloria de tu amor, mi ser se engrandece cada día,
día y noche es una verdadera gloria tu amor,
el contemplar tu rostro, tus ojos, tu cuerpo es la gloria,
la gloria porque al amarte es hasta la eternidad,
mi ser sólo puede confiar en ti por tu gran amor a mí.

Soledad y tristeza   06-02-16

Camino hoy por las sendas de la tristeza y la soledad,
en esos caminos en los que ya nunca te encontraré,
partiste de mi mundo donde tanto nos amamos,
ese mundo que forjamos juntos lleno de amor y belleza,
hoy no encuentro refugio, ni lugar para mi tristeza
la desgracia cayó en nosotros, porque a ti te perdí,
pensar en ti era verte cada día con tu alegría,
ahora es pensar en esos maravillosos momentos a tu lado,
momentos de amor, de risas y juegos,
nada en este mundo hoy puede sustituirte,
como tú no existirá nadie que te iguale,
¡Oh Dios!, Cuánta tristeza hay ahora en mi corazón,
esta soledad no la cambia nada y hasta el corazón duele,
ver el esplendor del sol, el canto de las aves, la belleza de las flores,
y a la vez escuchar tu canto era mi vivir,
¿Cómo, cómo viajar en este espacio tan solitario?
Amarte a ti fue lo más grandioso de mi vida,
ahora en este mundo nadie ni nada ha sido como tú,
nada, nada en este mundo se compara a ti,
por eso amarte con la devoción que te tuve fue mi vivir,
¿Cómo, cómo puedo ahora vivir sin ti?
Sin esa hermosura de tu ser,
sin ese amor que tú me profesaste,
ven, ven por mí que sin ti esto no es vivir.

Sembrando odios   3-21-16

¿Por qué seguir sembrando tanto odio?
Gritamos ser hijos de Dios,
¿Pero, por qué no podemos comprender sus palabras?
Amaos los unos a los otros,
Él nos dio este mundo para todos,
para todos, blancos, negros, amarillos, mestizos, etc.,
todos deberíamos tener los mismos sentimientos,
amar a Dios llamémosle como queramos,
pero todos decimos amar al Creador,
¿Entonces por qué propagar tantos odios entre nosotros?
¿Acaso no nos duele la tragedia de tantos niños enfermos y hambrientos?
Dios nos creó en un mundo tan maravilloso,
Ese mundo que Él no lo hizo con Banderas, países, religiones, ni fronteras,
Él creó hombres, plantas y animales,
Sí, para habitar el mundo que nos creó,
Ese mundo que no nos pertenece,
ese mundo al que nosotros pertenecemos en él,
A él para conservar sus riquezas,
esas riquezas que todos deberíamos compartir,
basta de hipocresías, odios y racismos,
seamos todos iguales, nos guste o no,
Dios no nos quiere matándonos los unos a los otros,
Él nos puso aquí para engrandecer su obra,
No para destruirla y destruirnos a nosotros mismos,
Acabemos con tantos odios, amemos a Dios.

Rosas en el amanecer   6-23-16

Como una rosa en el amanecer,
tú como ella que extienden sus pétalos para mostrar su belleza,
que con el rocío nocturno al bañarla floreció,
y así con el rocío de tu amor florecías cada mañana,
para mostrarnos cuánta belleza puede haber en las dos,
por eso en esa mañana prendiste el amor en mí,
hoy espero cada amanecer para verte florecer en tu hermosura,
porque aunque la vida de las rosas es breve,
la tuya por tu esplendor y tu gracia son eternas,
es por eso que como a las rosas debo cuidar tu amor,
porque un ser tan espectacular como tú no es como las rosas,
tú eres única, por tu gran belleza y valor,
no puedo dejar de regar las rosas para su cultivo,
como no puedo dejar de cultivar tu amor,
porque es el trato diario el que embelesa mi vivir,
no puedo ahora dejar de admirarte como una rosa,
porque en tu esencia eres como el perfume de las rosas,
mientras las rosas florecen, su esplendor es admirable,
pero tu esencia no, porque por tu grandeza,
tú nunca te marchitas como ellas,
tu grandeza es la hermosura de ti,
como la hermosura de las rosas que engrandecen mi jardín,
así al amarte es la mayor gracia que tendré en mi vivir.

Los mejores segundos   06-27-16

Los mejores segundos de amor parecía haberlos encontrado en ti,
tú cerrarías todas las puertas que nos atormentarán,
supe que un amor como el tuyo perduraría por siempre,
que amarte no sería sencillo,
que la vida a tu lado se marcaría en una lucha por conquistarte,
una lucha que podría darnos vida y amor,
una lucha que si te lograba nos llevaría a un final siempre juntos,
pero quise preguntarte ¿Cómo podría amarte? si tú ni me veías,
porque tu apareciste como un ángel lleno de virtudes,
cuando yo en medio de la maldad luchaba por ser alguien,
alguien que al encontrar un ser como tú pudiese amarme,
alguien que pudiese llenar tu vida de dicha y amor,
era así como veía en ti que podías llenar mi vida,
pero tu amor se me volvió inalcanzable,
tu distancia era enorme para llegar a tu corazón,
y así poco a poco la vida fue ennegreciéndose para mí sin tu amor,
la vida para mí sin ti no había ninguna luz,
la vida para mí se volvió un absurdo sin ti,
tú un ser tan especial como eras tú,
para mí fuiste el amor inalcanzable a pesar de tenerte tan cerca de mí,
tu amor se fue volviendo un sueño efímero para mí,
tu amor era de esos imposibles que nunca se obtienen,
tu cara, tu cuerpo, tu ser eran tan maravillosos,
tan maravillosos que nunca podrías haber volteado hacia mí,
tan espectacular que en mí nunca te fijarías.

Mexicanos   06-28-16

¡Mexicanos nos están matando!,
Sí, matando nuestros valores y a nuestros ciudadanos,
pero tu Maestro ¿Cuál es tu miedo?
tú eres el precursor de la grandeza de México,
porque con tu Educación a nuestros hijos, México debe cambiar,
cambiar al progreso y ser un pueblo educado,
por eso te pregunto ¿Cuál es tu miedo a un cambio educacional?
tú estudiaste para ser Maestro,
el Maestro que debe dar una enseñanza de calidad profesional,
¿Cuál es tu pánico? Cuando sabes que te están manipulando,
Sí, Líderes y Gobernantes corruptos,
tú sabes que el futuro de nuestra Patria esta en ti,
que tú con tus enseñanzas debes erradicar de la mente de tus pupilos,
la corrupción, la ignorancia, la maldad, la delincuencia, las drogas,
y tantos males de nuestra juventud,
que tú eres el mayor responsable del progreso de nuestro pueblo,
¡Vamos!, ¡Despierta Maestro ya es tiempo!
Ya es tiempo de que demuestres que amas a tu Patria,
¡Ya es tiempo!, es tiempo de que dejes de permitir tanta matanza,
Ya es tiempo de que demuestres que eres un Profesor,
que eres un Profesor y no un delincuente,
que eres quien debe conducir a nuestro Pueblo a la grandeza,
que eres tú quien con tus enseñanzas engrandecerá nuestra Patria,
¿Cuál es tu miedo a demostrarlo?
Tú eres el Profesor, el líder de una gran Nación,
porque tus enseñanzas, eso debe de dar,
para ya de destruir a nuestra gente,
tú como Profesor eres el educador,
¡Eduquemos al Pueblo para que dejen de matarse y matar a nuestra Nación!

Fuiste tú   06-28-16

Mi mejor arma para vivir fuiste tú,
fuiste como una ave del Paraíso que vino a formarme,
a forjar mi vida para realizar tu dicha de amor,
las horas compartidas a tu lado siempre fueron con amor,
ese amor insólito y escaso que uno busca en la vida,
en los parajes del mundo te encontré rodeada de luz,
en ese lago que parecías haber salido de él,
un lago donde los cisnes que te acompañaban te engrandecían,
cisnes a los que tu belleza era incomparable,
el atardecer caía y tú resplandecías más que el Sol,
por eso siento tu esplendor, porque aún bajo la luz de la luna brillabas,
fue ese el momento de acercarme a ti,
a tí que depositaste con tu mirada tu gran amor,
tus palabras encerraron mi vida con un candado a ti,
desde ese momento nuestras vidas se unieron con amor,
hoy canto, bailo, por la felicidad que tu amor me dio,
tu amor es imperecedero e hipnotizante,
porque 50 años pasaron veloces amándote y deseándote,
porque en esos 50 años de amor me diste los mejores seres,
seres que nos han rodeado de amor y respeto,
seres que saben que la comunión de nuestro amor fueron ellos,
en esta vida tan inmensa que a tu lado parece no tener fin,
tú llenas con tu voz cualquier espacio de dolor o tristeza,
por eso nuestro amor será imperecedero,
porque sé que hasta la eternidad me amarás,
pido a Dios su mano para bendecir todo lo que creamos,
porque todo lo creamos con su amor y bendición.

Tristeza en mi vida   06-29-16

Tristeza la mayor desgracia de mi vida,
tristeza, porque el amor de Padres nunca lo tuve,
tristeza porque a mí como a millones la miseria no me dejó,
pero ¡Oh! Tristeza te topaste con un ser que la vida me hizo fuerte,
vivir sin amor debería ser tristeza, Sí,
pero el amor se encuentra en tantos lugares,
amores que en su momento llenaron de asombro mi ser,
¡Oh tristeza! También te pude dominar con la música,
Con la música que llevaba mi alma al espacio de la inspiración,
al espacio de las fantasías del amor y la vida,
sí, sé que la soledad es tu mejor compañía,
pero también esos golpes de soledad me hicieron buscar otros horizontes,
buscar en la oscuridad la luz de la alegría,
encontré tanta armonía en esas luces que me iluminaron,
esas luces que se encienden con el romanticismo,
¡Oh tristeza! También te acompañas de enfermedades,
enfermedades que te martirizan y casi te matan,
pero ¡Oh tristeza! Aunque sufriendo he sobrevivido a ellas,
sí, sobreviviendo a tantas enfermedades y malestares,
que casi me mataron,
pero ¡Oh tristeza! Te estoy venciendo porque solo,
y quizás sin amor, enfermo también,
pero aun encuentro lo mejor del vivir,
porque lo mejor del vivir es amar a todo,
sí, a todo, aunque nada tengas,
sí, sí sólo tristeza, soledad y desamor tengas,
pero a todo ello a mí lo mejor que el vivir me dio,
lo más grande, lo más hermoso, fue ¡Vivir!
Vivir en mis fantasías aunque nada tenga.

Tu sufrir   6-30-16

Cae en mí la desgracia de tu sufrir,
amarte fue el acto más sublime de mi vivir,
hoy ante esta angustia los minutos matan mi alegría,
¿Cómo expresar este desconcierto ante tu sufrir?
Fuiste lo más amado de mi vida,
fuiste la inspiración de mis poemas,
hoy que la vida parece acabar, me lleno de angustia,
porque hoy sé qué difícil será seguirte amando como estás,
amarte como fue toda mi vida a tu lado,
amarte despertando cada mañana con el trinar de las aves,
amarte al despertar ante tanto amor que tú me profesaste,
amarte a cada instante con tu grandeza,
amarte como a nadie pude amar por tu gran valor,
¿Cómo poder vivir si ya la alegría de tu amor se apaga?
¿Cómo pensar en la felicidad del amor si te puedo perder?
Déjame ser yo quien parta primero,
déjame ser yo quien adorne nuestros últimos y mejores años,
déjame seguir saboreando la sonrisa de tus labios
déjame seguirte amando como nadie podrá hacerlo,
porque tú estás llena de virtudes y cualidades,
las que siempre entonaron con mí vivir,
las que conformaron cada instante de tu amor,
las que llenaron de amor y vida la mía,
al compás de la música ruego por ti, por tu gran amor,
déjame continuar esta maravilla de vida a tu lado,
porque el amor que de ti sentí,
nadie, nadie me hizo vibrar de amor como tú.

Magnificencia   4-29-16

Magnificencia es la creatividad en ti,
llenas nuestras vidas de lucha constante,
día a día nos demuestras la grandeza de tu fortaleza,
tu gran carácter te hace fuerte y valiosa,
¿Cómo no dejarse llevar por tan grandiosa mujer?,
grandeza y sencillez de mujer que hay en ti,
despiertas cada mañana con tantos bríos,
porque eres inigualable en tus creaciones,
sabes tocar nuestras fibras para luchar en la vida,
seres como tú son tan difíciles de encontrar,
porque pareces marcada por Dios para ser tan grandiosa
lo que tus manos tocan lo conviertes en dicha y amor,
nada parece ser imposible en tus manos,
lo llenas todo de valores incalculables,
nos haces sentir que en la vida venimos a ser valiosos,
a comulgar con las mejores reglas de la vida,
no hay descanso en ti, pareciera que estás hecha de hierro,
pero en tus sentimientos demuestras el gran valor de tu alma,
eres el mejor ejemplo de vida que debemos copiar,
no das descanso a tu gran fortaleza de mujer,
porque sabes cuál es tu misión en esta vida,
misión que nosotros debemos respetar y alabar,
pero a la vez compartir para logra tu felicidad.

En mi camino   5-10-16

Cuando por mi camino te cruzaste,
la ilusión del amor se despertó en mí,
sentí que habías bajado del cielo con tanto amor en tu corazón,
sentí al verte que habías bajado para llenar mi vida de dicha,
me hiciste sentir tanta emoción con tu especial belleza,
sí, nuestros caminos se cruzaron, fue algo divino,
porque en tus ojos vi la grandeza de tu alma,
tu corazón pareció excitarse tanto al verme que temblé,
como si tu vida comenzara en ese momento,
pero fui yo quien empezó a vivir con tu amor,
tu rostro, tus palabras, tu cuerpo todo era en ti sin igual,
tú me mostraste tu grandeza de mujer tan infinita,
sólo el cielo sabía por qué me hizo cruzarme en tu camino,
pero hoy sé que fue para engrandecerme como ser a tu lado,
ya que con tu amor se llenó mi vida de ejemplos,
ejemplos y joyas que nuestro amor creó,
las vías que conducen nuestro tren,
eran parta llevarnos a la gloria de nuestras vidas,
nada empaña nuestras vidas,
ni la tristeza de un bosque, porque para nosotros es alegría,
porque en el mar, en las ciudades o en el campo,
son un paraíso para nosotros, un paraíso de vida con tu amor,
con tu amor nuestras joyas incrementaron su valor,
porque ellas crearon lo que nosotros sembramos con tu amor,
hoy sé que la maravilla de nuestras vidas es por ti,
la felicidad nos acompañará hasta el final aún con sus problemas de vida.

Te encontré

7-22-16

No es ya ni el pasado el que agobia mi vivir,
ni los recuerdos de mi vivir,
porque en ti encontré el gran amor que me diste,
ese amor donde no había ni dolor ni torturas,
ese amor único que sólo un ser como tú me dio,
despertar cada mañana con tus besos y tu alegría,
era como encontrarme en el paraíso con tu amor,
mi vida dio el cambio total cuando nos unimos en el amor,
unidos en una gran lucha por vivir con amor,
unidos en la lucha por vivir diariamente con esperanzas,
esperanzas por erradicar el mal en nuestras vidas cada día,
esperanza de que nada faltase en nuestro amor para ser felices,
nunca diste lugar a dudas de tus sentimientos,
nunca dejaste vagar mis pensamientos en el desamor,
nunca, nunca podré dejar de amarte con todo mi corazón,
te amo, te amo como a nadie podré amar,
fue, es y será tan difícil para mí dejar de amarte,
porque eres para mí la más valiosa de las mujeres,
sí, porque en mi vida nadie logró compararse a ti,
tan llena de valores, habilidades y tantas cualidades,
una mujer llena de sentimientos de amor como ninguna,
una mujer capaz de engrandecer mi vida,
engrandecerla con su gran corazón,
hoy, las horas parecen decir que nuestro final está cerca,
pero con el amor que me diste espero con alegría ese final,
el final que tú llenarás de amor y felicidad,
porque el brillo de tu alma en la eternidad me conducirá a ti.

El balcón 07-25-16

Desperté en el balcón de mis recuerdos,
la noche la había pasado repasando cada capítulo de mis recuerdos,
en ellos tu sonrisa, tu mirada fueron uno de los más impactantes,
el capítulo de conquistar tu amor fue el más duro de nuestro encuentro,
en esa conquista, música, flores, cartas de amor y tanto que hice por lograrlo,
en esa conquista nada fue fácil porque nada lograba,
pero cuando descubriste tu amor por mí cada capítulo se llenó de emociones,
emociones acompañadas de tu amor y pasión,
emociones que al conocer tu grandeza de mujer,
lo mejor lo encontré en ti,
tu inteligencia, tu seriedad, tu formalidad,
emprendedora y firme en tus decisiones,
por eso aceptaste mi amor al reflexionar en mí,
no te dejaste llevar por la emoción o la pasión,
estudiaste cada paso que podrías dar a mi lado,
sabías que a tu vida deberías cercarla con los muros del amor,
de ese cerco que impediría las desgracias y el dolor,
por eso con música, paisajes, palabras, de todo usaste para sembrar,
para sembrar tu amor en mí,
por eso cada día se llenó de hermosos recuerdos,
no dejaste nunca perderme de tu compañía,
me cantaste, me amaste, me dedicaste tu vida entera,
hoy yo me encuentro cercado en tu paraíso de amor,
hoy no puedo ver más allá de nuestro mundo de amor,
brincar los muros de tu amor es caer en la desgracia del vivir sin amor,
ya que tu creas de cada día un hermoso recuerdo de amor.

Odio y frialdad 08-01-16

Hoy no puedo dejar de pensar en tu maldad,
jamás pensé que al amar podrías odiar,
jamás creí que odiaría a quien me hizo temblar de amor,
pero hoy que he tenido el egoísmo de tu amor,
hoy veo qué tan difícil es amar a quien odio sembró en ti,
hoy recuerdo cada instante vivido a tu lado pero con cuánto pesar,
porque destrozabas cada momento dulce de nuestras vidas,
¿Cómo amar a quien en todo momento te usó?
Creer que el pasear por veredas era romántico,
creer en tantas fantasías que el amor ilumina tu vida,
creer que cada momento sería una eternidad de amor a tu lado,
creer que el hacer el amor contigo era lo más hermoso del vivir,
pero tu simpleza todo lo destruía,
tu indiferencia y desamor mató todas esas ilusiones,
hoy me duele tanto recordar tantas ilusiones falsas,
porque fue falso todo tu vivir a mi lado,
nada iluminaba tus palabras, ¡siempre frías!,
frías tus sonrisas, ¿Cómo vivir a tu lado en tu mundo?
hoy no encuentro cómo fue ese vivir contigo,
hoy cuando recuerdo cada día de ilusión a tu lado,
hoy que sé que todo fue falsedad,
hoy no encuentro el camino por dónde encontrar mi final,
mi final, sí, triste y sombrío porque sólo a ti te amé,
sólo tú fuiste mi mundo, ¡sólo tú!

Dicha a tu lado
08-012-16

Un atardecer de ensueño más a tu lado,
junto a las olas que suenan como una serenata,
en donde el sol y el mar en el horizonte en su unión crean una maravilla,
sentado a tu lado y con tus palabras de amor enternecen mi ser,
todo es como una sinfonía la que con tu amor se interpreta,
todo se engalana con tu belleza en nuestro caminar a la orilla del mar,
todo pareciera engalanarse con el gran amor que me profesas,
todo es como caminar en el paraíso de tu mano,
tu amor es tan maravilloso como el gran amor que me das,
cómo no sentir la emoción de la pasión que me inspiras,
cómo no sentir que la vida a tu lado es como la naturaleza,
tan creadora como lo eres tú con tu amor por mí,
creas toda una sinfonía de amor y pasión,
lo creas todo a tu manera endulzando nuestras vidas,
me inspiras y me llevas al clímax del amor,
por tu amor es mí luchar de cada día por llenarlo de dicha,
luchar por llenar cada espacio de nuestras vidas con amor,
llenarlo de amor y felicidad porque solo a tu lado lo es,
lo es como cada día en la playa, en los bosques, en todos lados,
en todo hay armonía, como la hay en tu alma al amarme,
todo se llena de luz y esplendor con tu belleza,
tu alma pareciera ser la reencarnación de tantas estrellas,
estrellas que brillaron en cada vida,
y el que me hayas encontrado para entregarme tu amor,
es vivir nuevamente en tu paraíso de amor.

Un fantasma   08-03-16

¿Cómo puede haber tiempo para nosotros?
Si en ti solo hay pasado y nunca presente para mí,
tú vives en tu tiempo y jamás me puedes ver,
soy solo un fantasma en tu vivir,
pero en mí eres tan real como el amor que me inspiras,
tan real que la pasión de mis sueños la dominas tú,
la imagen de tu cuerpo me hace soñar amándote siempre,
tu belleza ha hipnotizado mi ser para amarte solo a ti,
pero, cómo llamar tu atención si tan solo soy un fantasma para ti,
me trato de iluminar con las velas de tus oraciones,
pero sólo tu mirar es al cielo, pero nunca a mí,
para mí tú eres tan real que es increíble para los demás lo que siento,
porque sólo amor destilo yo por ti,
la pasión y el erotismo de tu belleza transforma mi vivir,
me transporta a una realidad que tú no la ves,
yo espero cada noche o cada amanecer para adorarte y amarte,
hacerme presente en tu vivir de cada día,
pero nada sucede, a mi lado estás como una figura de cera,
una figura en la que te acompaño como un fantasma,
porque es así como veo que correspondes a mi amor,
no puedo seguir en este presente esperando que me ames,
tu frialdad hace sentirme que solo soy un fantasma a tu lado,
¡Veme, Veme! soy real y te imploro amor,
te ruego hagas de mí vivir una melodía de amor,
déjame vivir en tu presente con tu amor.

De tu mano   08-14-16

El caminar de tu mano en medio de tanto esplendor,
en ese caminar en medio de hermosos amaneceres,
o en medio de la caída de la tarde,
caminar a la orilla del mar a tu lado en los atardeceres,
contemplar esos ocasos del sol en el horizonte del mar,
caminar por años a tu lado soñando en nuevos espacios,
espacios que completaban esos sueños de vida,
sueños llenos de romance y vida,
porque nunca nos cegamos a la realidad de la vida,
también lloramos y también sufrimos,
pero de tu mano era tener amor consuelo y paz,
fuiste tú toda una realidad del amor soñado,
llenaste mi vida siempre de esperanzas ante el infortunio,
llenaste también de alivio con tus oraciones mis enfermedades,
hoy que los años han pasado,
hoy que la juventud se nos fue,
hoy que en la vejez seguimos de la mano,
hoy me siento vivir como si los años no hubiesen pasado,
hoy sé que con tu amor podré esperar la muerte,
hoy sé que cada instante que viva te tengo a ti,
hoy sé que a cada instante que viva tus oraciones nos seguirán protegiendo,
porque hoy sé que tu grandeza no tiene comparación,
porque vivir y morir de tu mano será siempre con tu amor,
hoy rezo junto a ti porque el destino nos una por siempre,
tú fuiste el amor, la felicidad y mi vida.

La Olimpiada del Infierno 08-18-16

¿Dónde? Solo es ver en qué Nación se realizan estas competencias,
Por el mayor número de asesinatos, ¿Medalla?..Oro,
por el mayor número de ejecuciones, Oro,
por el mayor número de secuestros, Oro,
por el mayor número de robos con violencia, Oro,
por el mayor número de violaciones a mujeres, Oro,
por el mayor número de violaciones a menores, Oro,
por el mayor número de Gobernantes corruptos, Oro,
por el mayor número de drogadictos, Oro,
por el mayor número de Carteles del Narcotráfico, Oro,
por el mayor productor de drogas, Oro,
por el mayor número de pandilleros, Oro,
por el mayor número de mujeres explotadas sexualmente, Oro,
por el mayor número de desempleados, Oro,
por el mayor número de traficantes de armas, Oro,
por el mayor número de Policías corruptos y criminales, Oro
por el mayor número de analfabetos, Oro,
por el mayor número de vende Patrias, Oro,
por el mayor número de Leyes injustas, Oro,
por el mayor número de Juzgados ineptos y corruptos, Oro
por el mayor número de Médicos e Instituciones Criminales, Oro
por tantas injusticias de sus Gobernantes, Oro,
por tantos crímenes a Reporteros, Oro

Conocerte a ti   9-30-16

Hoy te conocí como lo más hermoso que pude tener en la vida,
Ilusiones brotaron en mi corazón inesperadamente por ti,
muy lejos quedó mi tristeza con tu esplendor,
le diste a mi corazón la esperanza de una vida maravillosa,
y aunque el mundo me reproche, yo te tengo en mi corazón,
porque tu gobiernas ya mis sueños de amor,
oro ahora porque nunca deje de pensar en ti,
hoy nada invade mi alma como lo hace tu imagen,
porque tú hiciste que zarparan de mis pensamientos los días tristes,
aunados mis pensamientos a tu belleza todo se iluminó para mí,
hoy están latentes tus emociones en mi corazón,
y es que ahora siento encontrarme con tu amor como en el paraíso,
zozobraron ya de mí los dolores de la soledad,
muy rápida como el viento llegó a mí tu voz,
te pido hoy, ámame como yo a ti,
comprende que mi alma está plena de amor por ti,
imaginar que es ya una realidad el tener tu amor,
que se transformen en realidades tus pensamientos para mí,
esperé tanto tiempo por tener un amor como el tuyo,
que ahora veo como zafiros tus palabras maravillosas,
especialmente cuando te oigo hablar de amor,
cómo no amarte hasta la eternidad si eres como una joya,
porque si sé que me amas como yo a ti.

Imagen   08-30-16

Fuiste tú la sombra que me dio vida,
fuiste la imagen del amor perpetuo,
contigo las sombras de la soledad y la tristeza se fueron,
contigo encontré la llave del amor infinito,
en tu mirada encontré las sonrisas de la vida,
mi pasado lo supiste enterrar con tu alegría,
hoy no recuerdo ningún pasado mío,
hoy enamorado estoy de ti con verdadera pasión,
los temores de mi vivir se disiparon como un arco iris,
hiciste que las tormentas de mi vida se disiparan,
tu amor es tan grande como el universo mismo,
por tu amor, hoy lucho por llenarlo de vida,
con tu amor hoy me sueño en el paraíso mismo,
con tu amor si viajo, en mi corazón siempre estás tú,
porque a mi corazón lo has llenado de tus imágenes,
imágenes que en todas me has dado amor,
imágenes que has llenado de pasión y entrega,
no quiero cansarte nunca con mi amor,
yo vivo en y con tu amor,
tuyo soy ahora para amarte por siempre,
la miel de tus labios endulzan siempre mi ser,
yo sólo sé que ya sin tu amor no puedo vivir,
sólo mi muerte espero que sea la que me separe de ti.

México   09-04-

México, cómo no he de llorarte,
si fuiste la tierra que me vio nacer,
la tierra donde aprendí que eras el mayor tesoro que nos dio Dios,
que eres el tesoro que todos debemos amar y cuidar,
a tus tierras sagradas solo honor y respeto te debemos,
en tus tierras crecí conociendo el amor a vivir,
el amarte a ti que me diste la gloria de ser un ciudadano más de ti,
un ciudadano que debe engrandecerte y embellecerte más,
porque en el mundo tú has destacado por tu grandeza,
en tus tierras han nacido grandes músicos, poetas, científicos,
tantos que la lista de tus héroes es enorme,
ya que al mundo le han demostrado lo que de ti aprendimos,
tierras maravillosas de oro, con grandes riquezas naturales,
tierras maravillosas que se han llenado de hermosos monumentos históricos,
cuna de grandes civilizaciones que nos legaron tanta cultura,
tierras con tanto esplendor y riquezas que debemos preservar,
en los colores de tu Bandera reflejamos nuestro amor a ti,
por ti juramos amarte respetarte y dar la vida por ti,
porque a tu Bandera le juramos lealtad y respeto así como a tus leyes,
pero también ¡Oh Patria!
cuánto dolor nos da saber que no te amamos como debiéramos,
¡Oh Patria querida! Cómo quisiera que todos tus hijos te respetáramos,
Han sido tantos los mártires que su sangre derramaron por ti,
¡Oh Patria querida! No debiéramos dejar que esos traidores te profanen,
¡Oh Patria querida! Somos millones los que te amamos,
Pero nuestra pobreza nos impide luchar por tu defensa,
¡Oh Patria! En los nombres de tus Estados está nuestro abecedario,
El abecedario de la lengua más hermosa del mundo como lo eres tú.

Amada mía   09-09-16

En la claridad del amanecer encuentro siempre tu sonrisa,
esa sonrisa que expresa el más grande amor hacia mí,
ya que no es el canto de las aves lo que me despierta,
es la hermosura de tus ojos y la ternura de tu amor,
es el comenzar de un nuevo día, pero con tu amor,
ungido de flores y tiernas palabras que con tu voz me das,
es tu rostro bañado de tu belleza el que me inspira a amarte más,
y en la ternura de tu mirada siempre hablas con sencillez,
pero siempre dándome tu amor y pasión,
no puedo pensar en otra cosa, si no es tan solo en tu felicidad,
sé que la vida puede estar llena de tragedias,
pero con tu amor todo se transforma,
porque en tu sonrisa está lo más bello de mi vivir,
¿Cómo no enfrentar la vida con un amor como el tuyo?
Si a tu alma la bañaron de pureza y amor,
cuando tu voz escucho, es escuchar el canto de un ángel,
porque tus palabras son siempre de inspiración y aliento,
el color de tu piel refleja la pureza real de ti,
pensar y vivir con tu amor no tiene fin para mí,
en ti y contigo es vivir la vida con todo su esplendor,
cantos, trinos, música del cielo siempre te rodea,
la belleza de tu amor me inspira en la lucha diaria,
pensar en la llegada de la noche a tu lado es mi gloria.

En tu recuerdo   09-11-16

A mi vida llegaste como un ángel,
tu mirada tan tierna, así como la expresión de tu rostro,
fue eso y muchas otras tantas cualidades tuyas,
las que hiciste que de ti me enamorara,
y a mi vida la llenaste de amor,
pero también temblabas de temor sin saber por qué,
entendí que parecía que tu vida estaba condenada a una tragedia,
pero tú lo disipaste entregándome tu amor con toda tu belleza,
en ti viví los momentos más intensos de entrega y amor,
pero el tiempo nos cobró su precio,
ya que a ti te arrebató la vida dejándome en la soledad,
porque tu tragedia brotó como una maldición,
solo me quedé con el recuerdo de tu gran amor,
tus besos que de tus labios tome, inolvidables fueron,
¿Cómo, cómo dejar de pensar en ti?, si fuiste lo mejor de mi vida,
La más bella mujer que su amor me entregó a mí,
nada quise ya buscar que me sacara de la soledad,
enterrado quedé por el resto de mi vida con tu recuerdo,
sí, tú partiste dejándome en mi soledad al lado de tu sepulcro,
yo vivo esperando el momento de volverte a encontrar en la eternidad,
ya que al recordarte cuando el amor me entregaste, fue lo más grandioso,
fue lo único que me hizo vivir en el amor a tu lado,
por eso hoy en la tristeza y la soledad vivo,
nada me conforta ya, solo sobrevivo,
como si el cáncer me hubiese dejado vivir,
te amé y te amaré por siempre,
a tu tumba flores llevo siempre,
siempre esperando el momento de llegar a ti.

Palabras 09-14-16

Con la claridad de tus palabras en las cuales llenas de amor me hablas,
y con tus pensamientos que me llegan al fondo del corazón,
y es porque siempre hablas con amor e ilusiones,
sabes que no es nuestro el tiempo,
sabes que en cualquier momento podemos amarnos,
pero también sabes que en cualquier momento nos podemos perder,
clamas e invocas al cielo que nos deje amarnos,
sí, porque sabemos cuánta desgracia nos rodea,
son tus sentimientos los que abren mi corazón para recibirte con amor,
recibirte sí, como el gran amor que derrama tu ser,
en este mundo de incertidumbre, amarte ha sido lo máximo,
amarte es poder contemplar cada una de las maravillas de este mundo,
esas que nos rodean inspirando más y más nuestro amor,
cuando nuestros caminos se unieron la dicha me iluminó,
porque tú fuiste como una ave del paraíso,
esa ave que vino a cantarme su gran amor por mí,
por eso te amo y te amaré siempre,
siempre trataré de envolverte en las redes de la gloria,
porque eres un ángel lleno de amor y gloria,
vivir con tu amor es existir en la realidad de la vida, pero con amor,
vive conmigo cada uno de los hermosos momentos que recibamos,
juguemos al amor para engrandecer nuestras almas,
que nuestro amor nos impulse a vivir amándonos hasta la eternidad,
que podamos estar siempre en la gracia de Dios,
que sea así nuestro amor profundo y eterno.

Amor o maldad   09-17-16

Arranca de mi corazón el dolor y el temor,
infunde en mí el amor a la vida,
¿Soñar con un mundo lleno de amor y caridad?,
Cómo no soñarlo y buscarlo cuando vivimos entre tantas tragedias,
cómo no gritarlo a los vientos con esperanza,
en la esperanza de infundir el amor entre todos,
cómo no viajar pregonando amor y esperanza para todos,
porque somos nosotros los que nos herimos con nuestra maldad,
porque somos nosotros los que nos matamos los unos a los otros,
porque somos nosotros los que destruimos todo,
porque destruimos las maravillas del mundo en que vivimos,
porque la única forma de sobrevivir es con el amor,
con el amor y la esperanza de la caridad y la comprensión,
no en los odios que día a día nos damos,
la vida debe estar llena de amor, armonía, justicia, caridad,
entre todo aquello que nos envuelva en la luz de la divinidad,
sembremos amor, sembremos esperanza, sembremos caridad,
para que podamos cosechar una humanidad feliz,
no esa humanidad que se mata día a día,
no en esa humanidad en la pobreza, las drogas, el crimen, y tantas maldades,
sembremos para cosechar esa humanidad para la cual nos crearon,
busquemos y practiquemos esas eternas palabras,
amaos los unos a los otros,
no explotarse ni matarse los unos a los otros,
no fundir nuestras vidas en los odios y maldades.

Sueños y realidades 09-23-16

Niñez, la época de las grandes ilusiones,
la época en que mis sueños de niñez creí que se realizarían,
sí, que se realizarían en mi juventud,
en esa juventud de sueños y realidades,
hoy al recordar mi juventud se me hincha el pecho de emoción,
emoción sí, pero también de lágrimas y tristeza ante los sueños frustrados,
esos sueños de grandeza y amor,
pero la vida me volvió a la realidad,
esa realidad en que la vida no puede vivirse de sueños,
porque esos sueños de amor y grandeza pueden no existir,
no existen cuando no te preparan para enfrentar la vida,
la vida me enseñó cuánto dolor puedes encontrar en tu camino,
en el amor te puedes dejar llevar por la belleza física,
pero la belleza de la juventud te puede engañar,
porque si no hay riquezas en ti nada encontrarás en el amor,
por eso mi vida se empezó a volver realidades,
realidades en las que más que belleza física era la interior,
la vida, gracias a ese amor verdadero que te apoya, luchas,
luchas por tratar de hacer realidad tus sueños,
luchas para lograr prepararte para enfrentar tu destino,
destino que puede ser cruel y lleno de pobreza,
pero también puede estar lleno de tragedias,
porque no es verdad que en nuestros sueños seamos invulnerables,
invulnerables ante una humanidad cruel,
cruel y despiadada por tanta ambición y corrupción,
hoy que la vida casi se me acaba siento que Dios me protegió,
hoy siento haber logrado vivir con mis sueños,
por haberlos hecho realidades casi todos.

Soberbia   10-10-16

Tristeza, frustración, fracasos agobian hoy mi corazón,
la vida hoy se ha tornado en factura por pagar para mí,
la vida hoy a mí me cobra todos mis errores,
hoy ya no puedo ver la vida con el esplendor que antes, la veía,
mis más graves errores fueron amar sin ver mis errores y problemas,
el haber caminado por la vida con soberbia, el más grave,
con esa soberbia de sentirme el ser perfecto en el mundo,
ese perfecto que no se fijaba en sus errores,
pero hoy me lo están haciendo pagar con gran dolor,
un dolor que desbarata mi vida y mi corazón,
¿Cómo querer resarcir todo el daño que hice?
¿Cómo? Si estaba ciego de poder y soberbia,
A cuántos seres les destruí sus vidas por mi soberbia,
no quise escuchar las lágrimas o los reproches de los demás,
ni me interesó el dolor de los míos inclusive,
siempre yo y nada más yo en mi soberbia,
hoy empiezo a hundirme en mi castigo,
castigo que empezó con mi vejez y enfermedades,
castigo también al ver mi miseria humana y económica,
castigo al no poder revivir ya mis momentos felices,
porque en mi egoísmo sólo yo los disfrutaba,
y de esa semilla sembrada con mi egoísmo,
hoy cosecho soledad y tristeza aparte de enfermedades,
una soledad llena de lágrimas y dolores,
por eso hoy yo mismo me auto castigo,
castigo por mi maldita soberbia y egoísmo,
ya nada podrá perdonar mis errores,
sólo debo esperar la muerte en mi soledad.

Ilusión sin sentido   10-12-16

El pensar que serias el amor de mis sueños, fue un gran error
una ilusión sin sentido, ya que tú no me amabas,
mientras que yo construía un mundo de amor en mi mente,
y sí, tonto de mí, tú nunca podrías amarme,
porque el amor de mis sueños debería amarme como yo a ella,
pero claro tú hiciste ilusionarme tanto que me cegué en ti,
hoy veo que me has hecho caer en el abismo de la tristeza,
amarte era mi locura, pero para ti yo era una locura real,
ya que para ti yo no era tu expectativa del amor,
ya que yo no desperté en ti ninguna ilusión,
pero al caminar a tu lado me hiciste forjarme tantos sueños,
que no vi que a tu corazón yo no podría entrar,
y todo se fue convirtiendo en sueños para mí,
pero eran sueños frustrados de amor,
un amor que en mí estaba llenó de ilusiones,
pero el amor que me cegó por ti no me dejó ver como eras en realidad,
eras un ángel de amor para mí,
pero yo no cabía en tus sueños ni en tu amor,
poco a poco fuiste destruyendo cada tabique,
cada tabique con que mi amor por ti había construido para ti,
poco a poco fuiste demostrando tu interior,
pero lo cruel en ti fue aceptarme vivir a tu lado,
hoy que has partido buscando tus sueños,
hoy partido en pedazos he quedado sin tu amor.

Tu amor y tu imagen 10-11-16

Por mis caminos he de llorarte si te pierdo,
llorarte porque a mi corazón lo tocaste con amor,
en esos caminos llenos de vida te cruzaste tú en mi vivir,
me llenaste de amor y dulzura la vida,
hoy con el canto de las aves te revivo con amor,
hoy sé que nuestro amor será por siempre,
en ti no hay mentiras, en ti la realidad eres tú,
que crezca cada mañana nuestro amor son tus deseos,
en tus labios el color de ellos es el de tu sangre misma,
porque por tus venas la pureza corre por ellas,
sueños hechos realidad con tu amor,
y hoy la pasión que me domina es por tu amor,
en cada suspiro tuyo alientas mi vivir,
porque con cada amanecer tu rostro me inspira a vivir,
porque el amarte, es inspiración para luchar por nuestro amor,
porque en tus ojos puedo ver tu esplendor,
me llevas siempre a la felicidad de la vida con amor,
contigo mis sueños son tan hermosos porque en ellos vives tú,
enamorado de ti es mi vivir y dormir siempre con tu imagen,
tu amor es mi vida y no puedo vivir sin él,
revivo cada momento a tu lado como a nadie pensé,
en nuestro amor todo es realidad y no fantasías,
en nuestro amor se multiplican con medida nuevos seres,
seres que forjaremos con amor y cultura.

Al tiempo   10-17-16

Al tiempo invoqué por una vida de ensueño,
y él me respondió,
¿Crees que tu vida será lo que tú sueñas?
Deja que tus pasos te lo demuestren,
deja que Él te demuestre que tú debes luchar por tus sueños,
que debes luchar en un mundo de adversidades,
que debes luchar con fuerza ante una infinidad de tragedias,
que en tu lucha también encontrarás ayuda y amor,
que en tu lucha podrás lograr mucho si tú te lo propones,
que nada es fácil, pero que con tu fuerza te ayudará,
que sí, tu fuerza te ayudará, siempre y cuando la sepas utilizar,
que debes usar tu mente para engrosar tus conocimientos,
que esos conocimientos te sirvan para lograr tus sueños,
que la vida te puede enseñar tanto en tu caminar,
que encontrarás tanto porque vivir que no te dejará renunciar,
porque renunciar a tus sueños es el camino del fracaso,
porque en el fracaso alimentarás tus tragedias,
que esas tragedias te envolverán si no reaccionas,
que los sueños deben tener enormes bases,
esfuerzos bien cimentados para luchar por tus éxitos,
que a la vida venimos a encontrarnos en completa soledad,
que por eso debes guiar tu vida en el bien,'
porque es ahí, en el bien donde podrás realizar tus sueños.

Tú figura 10-28-16

En las ramas verdes algo se me figura,
y es que entre su belleza me imagino tu figura,
porque en el amor y la naturaleza esta tu figura,
porque todo en el amor que por ti siento veo tu figura,
todos mis sueños, mis ilusiones se alimentan con tu figura,
porque el alma de un ángel se ha tornado en tu figura,
en la profundidad de tu mirar se dibuja tu figura,
eres ese alguien quien siempre soñé del amor al ver tu figura,
hoy lloro de felicidad, porque tu amor conmigo está junto con tu figura,
porque en tus labios se dibuja tu sonrisa,
que llena de hermosas cualidades toda tu belleza,
yo no dudo de tu grandeza,
porque solo una gran mujer como tú se llena de belleza,
yo necesito de una gran mujer como tú para darle a la vida mi sonrisa,
yo no he venido al mundo a vivir sin tu grandeza,
porque sé que en la vida predomina la humildad y la sencillez,
valores que en ti prevalecen como una garantía de tu grandeza,
tú eres esa mujer con la que yo debía de engarzar mi vida,
por tu gran sencillez pero también de grandeza infinita,
sólo una mujer como tú podría engrandecer mi vida,
sólo tú podrías ser ese complemento de mi vida con el cual siempre soñé,
nada ni nadie podría substituirte para cumplir mis metas,
metas que en mi ser venían grabadas para que juntos las cumpliéramos,
porque tú y yo estábamos destinados a unir nuestro amor,
ese amor que se volvió eterno contigo porque se marcó en tu figura.

Hawaii y Tú   10-31-16

Las horas se acaban y la alegría se va,
estas horas divinas que hemos vivido serán eternas en mi corazón,
horas en que con el encanto de tu compañía las vivimos,
cada día se llenó de horas inolvidables,
los ocasos del sol envolvieron nuestros pensamientos en el amor,
esos momentos que se grabaron con tanto amor en nuestros corazones,
días llenos de grandes escenarios que siempre estuvieron a tu lado,
¿Quién podría llenar estas horas vividas llenas de encanto?, si no tú,
ese destello de amor en tus ojos en medio de las olas,
cómo no pensar en esas maravillosas horas,
horas que marcaron nuestras vidas porque estuvieron llenas de amor,
no, no podré jamás comparar, porque vivirlas fue un paraíso,
un paraíso porque ahí estabas tú,
ahí, engrandeciendo y adornando cada momento con tu amor,
cómo lograr revivir cada instante,
si han quedado en el pasado de nuestro amor,
es por eso que no puedo dejar de revivirlos,
calles, paseos, comidas, noches y días llenos de ti,
nada enturbió tan bellos momentos que a tu lado disfrutamos,
porque tú los tornaste en los más maravillosos,
porque el haber vivido esos momentos en ese paraíso fue sin igual,
por eso hoy al tiempo le ruego volver a vivir momentos así con tu amor,
yo sé que la vida está llena de esperanzas e ilusiones,
de alegría, donde las penas del vivir se pueden olvidar,
porque tú sabes cómo convertirlas en momentos inolvidables,
sólo hoy espero que el tiempo nos vuelva a llenar de amor como esas horas.

Veracruz   11-02-16

¡Veracruz! suena en mi corazón tu nombre,
la riqueza de tus tierras es enorme,
la maravilla de tus lagos, ríos y parajes,
tus flores, aves y tus aguas,
tus cascadas adornadas por cristalinas aguas,
entre tus cascadas el volar de las águilas me impacta,
águilas que nos hacen recordar nuestro símbolo Patrio,
tus pirámides de Tajín, otra gran muestra de nuestras grandes culturas,
y qué decir de Nancinaga la laguna de Catemaco, o peyote de pájaros,
Roca Partida o el salto de Eyipantla, o Papantla,
tus ríos grandiosos que alimentan tu flora y fauna,
tus tierras cultivadas con cafetales, frutas y tantas variedades agrícolas,
y qué decir ¡Oh Veracruz! tus tierras hermosas llenas de flores,
¡Oh Veracruz! con tu pico de Orizaba, nieves eternas de tus volcanes,
por Orizaba, Xalapa tu Capital, Minatitlán y su riqueza Petrolera,
tus puertos Tuxpan, Veracruz y Coatzacoalcos de gran altura,
exportadores de tus grandes riquezas, y recibo de nuestras importaciones,
porque eres la puerta de México al Mundo,
pueblos llenos de hermosas gentes y qué decir de tus bailables, tu música,
llenas nuestros pensamientos con tus bellezas,
porque tu cultura, tu música, tus bailables son orgullo mundial,
Veracruz, recorrer tu tierra es llenarme de vida con tus bellezas,
es llenar nuestras almas y nuestros seres de grandes emociones,
aventuras por todas tus tierras con tus bailables y tu grandiosa gente,
y qué decir de tus mujeres hermosas en sus bailables típicos,
siempre acompañadas de grandes músicos y bailadores,
¡Veracruz! fuiste el inicio de nuestra grandeza como Nación,
grandeza que nos da el ser Mexicanos de corazón,
son tus cielos los que protegen nuestra riqueza,
y qué decir de tus costas ricas en su fauna marina.

¿Inspiración?   11-3-16

¿Inspirarme por ese mundo tan deseado?
Pero que cada día se impregna de tragedias por egoísmo,
¿Cómo inhalar un aroma que huele a muerte?
Es lo que al bajar entre las nubes encontramos,
ese mundo tan maravilloso que nos crearon,
sí, ese mundo que lo han llenado de egoísmos,
ese mundo que casi hemos destruido con nuestro egoísmo,
porque la ambición desmedida de unos cuantos lo está destruyendo,
siglos han pasado y nuevas tierras se descubrieron,
pero esas tierras con el egoísmo nuestro se han ido erosionando,
y ya es difícil viajar a través de ellas,
las que han marcado con fronteras egoístas,
¿Dónde encontrar amor y belleza? si todo tiene dueños,
Dueños sí, pero llenos de egoísmos,
de ese egoísmo del que ni los animales se han librado,
somos esos seres llenos de egoísmos matándonos unos a otros,
sólo podemos invocar al Creador para que nos salve
para que nos salve de tanto egoísmo y maldad,
porque habiéndonos creado casi iguales,
con nuestro egoísmo lo hemos convertido en razas, esa igualdad,
razas con religiones, así como con fanatismos políticos,
¿Dónde, dónde abrir las puertas para expulsar esa peste?
Esa peste que produce el egoísmo,
para encontrar la maravilla de mundo que el Creador nos dio,
ese mundo que era para todos por igual,
sin fronteras, banderas, muros, religiones ni fanatismos.

Las Águilas y yo   11-10-16

Quise vivir mi vida a mi manera,
quise volar como las aves por grandes alturas,
quise ser la fortaleza que albergara grandes triunfos,
quise ser una fuente de amor para encontrar el mejor amor,
quise, quise y sólo fracasos logré realizar,
en este mundo lleno de rivalidades y odios,
por más que quise volar como las águilas,
como esas águilas perspicaces y astutas,
como ellas quise ser, pero siempre fallé,
quizás me faltó imitarlas en toda su fuerza,
quizás ellas tienen tanto que enseñarnos,
porque ellas en sus cortas vidas la viven en las grandes alturas,
yo quise vivir como ellas en las grandes alturas
pero ni para el amor alcancé la altura necesaria,
ya que el amor jamás lo encontré tan real como lo esperé,
los triunfos no supe escalarlos con la preparación que debía,
siempre me creí un ser super inteligente,
pero poco a poco fui cayendo de esas alturas,
de esas alturas que pretendí llegar,
hoy, que como a las águilas en que el tiempo nos envejece,
hoy siento el verdadero fracaso de vivir a mi manera,
porque no entendí que como las águilas hay que luchar mucho,
luchar contra todos los enemigos y dificultades,
el mundo puede ser tuyo sí, pero es solo momentáneo,
todo te mostrará que nada vales y que nada eres,
si no aprendiste a luchar.

Soledad y tu amor   11-15-16

Iluminaste mi vida cuando a mí llegaste,
en las sombras de la soledad que era mi vida,
por calles, parques, pueblos, todo era para mí soledad,
la soledad que mi vida acompañaba era mi mundo,
un mundo de trabajo y responsabilidades, era lo mío,
¿El amor? Palabra estéril en mi corazón,
No había en mi vida nada, nada de amor,
pero cómo lloré cuando te encontré,
el amor bañaba tu rostro con tus sonrisas,
tu canto celestial asombró todos mis sentidos,
ya que tu canto me sacó de mi soledad,
la vida se me iluminó cuando de tu mano me guiaste,
a esa vida en que tu belleza me envolvió,
a esa vida que tú escogiste para los dos vivirla,
esa vida llena de luz y amor que tu enredaste en mi ser,
fuiste como un ángel en mis caminos que me atrapó,
esa belleza tuya que en nadie vi,
hoy camino a tu lado con pasos firmes por tu amor,
hoy tú llenas todo en mi vida, tu amor y tu encanto es mío,
hoy realmente en mí, la vida comenzó con tu amor,
hoy sé que con tu amor caminaremos juntos,
juntos sí, y enamorados hasta la eternidad,
hoy no regresaría por nada a mi soledad,
tú me hiciste proponerme amarte con toda mi pasión.

Niñez y alcoholismo   11-15-16

Las campanas de las Iglesias y los gritos de la gente sonaban,
a mis tres años impactaron mi memoria,
la ignominia y la maldad de la gente corrían como envenenados,
con ese veneno que los envilece y destruye,
pero que a mis tres años no lo entendía,
porque ese veneno se llama alcohol y drogas,
ese veneno que envilece y destruye a quien los toma,
¿Cómo olvidar esos trágicos recuerdos que me impactaron?
Porque no sólo me impactaron sino que me destruyeron,
porque ese veneno los va matando poco a poco,
ellos nunca se aferraron a la vida por su debilidad,
esa debilidad de carácter de la cual ese veneno se aprovecha,
y que en medio de ese envenenamiento, yo como muchos niños sufrimos,
sufrimos porque destruyeron nuestra niñez y vidas,
hoy en mi vejez siento vergüenza y dolor por ellos,
por esos seres que día a día se envenenan,
y que no se dan cuenta de a cuánta poca gente enriquecen,
porque ellos no se tientan el corazón para propagar su veneno,
y que tampoco les duele a cuánta gente destruyen y matan,
sí, yo como millones hemos sido impactados a nuestros tres años,
¿A cuántos más seguirán destruyendo?
Somos millones de huérfanos, víctimas de nuestros Padres alcohólicos,
¿Cómo poder resarcir nuestras vidas?
Si desde niños nos la destruyeron.

La máscara   11-17-16

La máscara cayó por fin,
el amor entre nosotros fue una falacia,
tus rencores hoy hacen que de tu voz salga tu odio,
pensar que sentí amarte ciegamente desde que te conocí,
mi amor por ti siempre lo sentí tan real,
que mi amor por ti era tan intenso que me cegué,
ese amor que por años brincaba del amor al rencor,
porque no entendía tu frialdad e indiferencia,
la vida misma te la entregué sin que tú la correspondieras,
tú sólo fingías, al convivir a mi lado cumpliendo,
y el amor que sentí por ti se fue esfumando de mí,
lo infame de mi brotó destruyendo lo poco que había por mí,
esa convivencia que sólo desesperación me producía,
porque por tu silencio e hipocresía no te entendía,
decías quererme aclarando que era sólo a tu manera,
un amor que yo imaginé pero que nunca existió,
años de incertidumbre buscando vivir con amor,
pero mi estupidez hizo crecer ese odio hacia mí,
y sin saberlo mi estupidez me hizo vivir en tu indiferencia,
ya que si antes nunca me amaste, mi estupidez lo agrandó,
sí, tu odio, hoy debo aceptarte que vives a mi lado por obligación,
sí, por obligación pero jamás por amor,
por eso sé que no detendré mi muerte,
mi muerte la buscaré a cada momento en mi futuro.

Tú y las estrellas   11-18-16

¡Mujer, mira que tu figura destella como las estrellas!,
tú conformas la belleza de tu rostro como el sol, siempre brillante,
con tu perfume mareas mis sentidos por ti,
haciendo que mí corazón palpite sin freno por ti,
es tanta tu hermosura que ni las flores te opacan,
eres la grandeza de las mujeres por la entereza que hay en ti,
eres como un ave que depositas tus trinos con amor,
haces que muera de emoción al acercarme para amarte a ti
pero es tan grande el amor que hay en ti que me haces resucitar,
los colores brillan en ti con esplendor con tu sonrisa,
y qué decir con el caminar sensual de tu cuerpo,
haces que mis sentidos se llenen de ti,
porque sé que tú no eres un mal de amores,
porque sé que tú eres mi esperanza que ilumine mi vivir,
tus palabras son como un rosario de oraciones,
porque de tu boca sólo das palabras angelicales,
de la tierra de soñadores vivientes vienes,
llena de aguas benditas que bendicen nuestras vidas,
hiciste de mí tu esclavo para amarte por siempre sólo a ti,
yo sé que la gloria del amor está en ti,
nada se compara cuando nos cantas con tu amor,
sólo mi corazón, mi vida entera te entregaré como un ramo de flores,
esas flores que puedan engalanar tu vivir en el amor,
ya que mi mayor deseo es que tú seas la luz de mi vivir,
solo tú podrás ser ese ángel de amor que mi alma necesita.

Un fantasma   11-26-16

Como un fantasma vago a través de ti buscando tu amor,
¿Cómo poder hacerme presente ante ti?
Ante ti que tanto te he amado y que tú ni me conoces,
por todos los caminos es mí andar en tu busca,
sé que el amor que siento por ti es infinito,
sé que tú misma nunca me comprenderás,
¿Porque como un ciego de mí mismo, tú no me conoces?,
cómo, cómo si soy un fantasma ante ti,
y sí, me enamoré de ti cuando te conocí,
y aunque nunca me he vuelto a enamorar, no te tengo,
enamorado con toda mi alma vivo por ti,
y en cada amanecer oro siempre porque me puedas ver,
oro con toda mi desesperación por tu amor,
sólo tú despertaste en mí el amor real,
y hoy siento que será por siempre el amarte,
quisiera me oyeras y me llegaras a amar como yo a ti,
todo mi mundo se compone sólo contigo,
oro una y otra vez, para aparecerme ante ti y te enamores de mí,
oro porque me veas real y no como un fantasma ante ti,
oro con todo mi corazón porque entiendas mi amor por ti,
sé que si me abres tu corazón me amarás tanto como yo a ti,
tú eres y serás para mí la mujer perfecta de este mundo.

Rincones 11-17-16

Dentro de mis rincones yo me escondía con mis tristezas,
con ese sentimiento de encontrar un mundo lleno de maldad,
ese mundo lleno de discordias, odios, destrucción y tantos males,
en ese mundo que en mi niñez yo empecé a crecer sin comprenderlo,
porque en la niñez, difícil es entender lo que pasa a tu alrededor,
pero poco a poco cuando creces te vas dando cuenta de lo que es,
por eso yo me refugio en mis rincones de la soledad,
porque yo como millones no logramos entender tanta maldad,
¿Cómo vivir entre tanta maldad, corrupción, matanzas y guerras?
Tratas de sacar a cada momento de tu vida tanta maldad,
pero inútil es, ya que algo malo hay en nosotros mismos,
oramos, rezamos, luchamos por acabar con tanta maldad pero nada se ve,
cada vez hay más y más destrucción y maldad,
la miseria, el hambre, las guerras, todo te destruye,
¿Cómo salir de ese escondite en que se refugia uno?
No hay un arco iris que nos alegre la vida,
porque como cuando hay tormentas, también hay destrucción,
pero las tormentas que los seres humanos provocan son más destructivas,
por eso mismo me espanta el vivir así,
¿Dónde encontrar un poco de paz y tranquilidad?
Por eso yo invoco a todos porque desechemos nuestra maldad,
encontrémonos nosotros mismos en lo que somos,
seres racionales con sentimientos y temores,
pero que podemos cambiar realmente, si lo queremos,
engrandezcamos este mundo,
antes de que lo acabemos con nuestra maldad.

Tu amor   12-6-16

Ámame por siempre como hoy lo haces,
ámame con esa intensidad con que mi ser te lo pide,
cómo he de pensar en perder tu amor, si tanto te amo,
el día y la noche son para mí la vida con tu amor,
en tu mirar se forma lo más grandioso de tu amor,
porque en ella veo en ti la alegría de vivir con tu amor,
tu sonrisa es la principal razón de conservar tu amor,
porque con ella se refleja tu felicidad al saber cuánto te amo,
para mí el comenzar cada día es maravillarme con la vida,
porque el tenerte en mi vida es lo más grandioso por tu amor,
entre tantas flores tu belleza irradia tu grandeza de mujer,
entre ellas resalta tu voz y tu figura hermosa como la de ellas,
tú pareces saltar de flor en flor con tu canto,
de tu corazón sale lo grandioso de tu alma,
vivir en los brazos de tu amor es renacer cada día,
es escuchar la grandiosidad de tu voz cuando me hablas,
evita el llorar de mi corazón con tu amor,
no hay silencio ni soledad en mi ser con tu amor,
cada instante, cada día está lleno en mí con tu amor,
camino en medio de sombras y tragedias,
pero tú siempre estás atrás de mí con tu amor,
por eso mi vida está completa con tu amor.

Una noche de amor 12-09-16

¿Soñar en tener una noche de amor en tus brazos?,
sí, es mi mayor sueño, porque como tú a nadie encontré,
la gracia de tu alma me cautivó como si estuviéramos en el paraíso,
ya que sólo ahí la pureza de tus sentimientos brillan,
cómo no he de desear el que tú me ames si en ti todo es luz,
esa luz que ilumina los caminos de la vida para engalanarlos,
porque en ti hay empuje, valor, sinceridad, belleza del alma,
¿Cuánto tiempo podría sacrificar por tu amor? La vida misma,
En tus labios dibujas amor y pasión sincera,
en tus ojos descubro la belleza, pero también a ti misma,
a esa mujer grandiosa que sabe vivir amando y no odiando,
sé que eres una valiosa mujer emprendedora y capaz de enfrentar la vida,
que la vida en tus manos será de logros, no de derrotas,
porque en tu rostro brilla la esperanza del amor real,
cuánto deseo que en mis ojos encuentres amor por ti,
que en mí veas la inmensidad del amor que te profeso,
que no deseo que encuentres silencio ni mentiras en mí,
que veas la inmensidad de la belleza de este mundo que te ofrezco,
porque quiero compartir tu sonrisa con lo espectacular del mundo,
de ese mundo de tanta belleza que Dios nos creó,
deseo que en mí te puedas reflejar en tus anhelos,
porque cansado estoy de vivir en el silencio y la soledad,
deseo vivir con tu emoción y alegría con que vives,
porque nadie podrá iluminar mi vida como tú lo haces,
ven, ven a mí y mezclemos nuestras vidas en el amor,
busquemos la belleza y el silencio de la naturaleza con nuestro amor,
decoremos el mundo con los colores de nuestro amor.

Encuentro   12-12-16

Cansado estoy de tanto dolor,
mi vida la marcaron el dolor y la tristeza,
resuena en mí la esperanza de un quizás, de un poco de amor,
porque ni el amor llegó a mí cuando más lo necesité,
esa esperanza de encontrar una luz que me conforte,
un poco de luz para que mi ser salga de tanta tristeza,
al cielo invoco cada día por un poco de su luz divina,
de esa divinidad que pueda salvar mi alma,
porque entre tanta tragedia, mi ser no encuentra salida,
¿Cómo? cómo caminar buscando paz y amor cuando no lo hay,
Por donde quiera que camino sólo dolor encuentro,
miseria y el malvivir lo mismo, donde quiera lo encuentro,
¿Cómo encontrar mi camino a Dios con tanto fanatismo?
Ver cómo lo usan para justificar tanto crimen,
cuánta desolación y tristeza deja todo eso,
y de esa tristeza y desesperación mi alma se ha contagiado,
mis enfermedades en la lucha diaria por vivir me desesperan,
el sufrimiento, el dolor y la desesperación, hoy se han apoderado de mí,
por eso, el cansancio en mí se ha apoderado ante tanto dolor,
¿Cómo vencer cáncer, miseria, desempleo, hambre?
Por eso en mí sólo amargura y llanto hay,
siempre tratando de aprovechar cualquier instante de felicidad,
pero sólo en la oración y la meditación la he encontrado,
aunque me lleno de quejas y dolores, algo hay de alivio,
porque sé que Dios me ha preparado el camino a Él.

Tarde   1-7-17

Tarde para pensar que me quedé atrás,
tarde para pensar que he perdido mis sueños,
sueños de felicidad que casi no logré,
tarde sí, para ver que quise hacer feliz a los míos,
tarde para ver que hoy la realidad me golpea,
porque en su niñez y juventud no los llené de sus deseos,
tarde pienso que hoy que adultos son,
hoy puedo preguntarme ¿los hice que me amaran?
sí, sé que es tarde para pensarlo,
ya que algo en el amor se rompió en mí,
tarde comprendí cuán equivocado estaba,
el amor que en ti creí encontrar, no lo había,
enamorado y obsesionado me cegué en tu amor,
paso a paso los años pasaron y poco a poco te descubrí,
sí, pero muy tarde, tarde también era para dejarte ir,
los años llenos de ilusiones se fueron congelando,
uno a uno el tiempo los fue deshaciendo,
que era como derretir el hielo,
y ver que como el agua, también mi amor se derretía,
las tardes y noches que intenté fuera nuestro paraíso de amor,
no, nunca lo fueron, la frigidez de tu amor lo delataba,
tarde desperté de ese letargo dizque de amor,
pero es ahora, que he despertado que la muerte me acecha,
ya nada podrá cambiar, más que la muerte con su oscuridad,
esa muerte que hoy para mí es tan deseada,
porque muy tarde comprendí tu desamor,
y porque a quien más dañé fueron a los míos.

Incertidumbre   01-02-17

Hoy mi ser se doblega ante la incertidumbre,
el haber vivido con tantas ilusiones, sueños y tragedias,
y que ése fue mi vivir y esos sueños fueron tan intensos e inolvidables
que hoy veo que muchos, muchos se cumplieron tan felices,
que hoy que la vida parece renunciar a mí, me doblega,
me doblega porque es incierta ya mis esperanzas,
esas esperanzas que quise cumplir para dar felicidad,
¿Cómo puedo hoy resignar a mi ser ante esa incertidumbre?
Si la vida tan hermosa como la que llevé yo,
una vida de tantas realizaciones y milagros,
que hoy en esta noche de incertidumbre ruego porque siga,
ruego sí, porque la esperanza se abra otra vez para mí,
otra vez como las otras veces que se abrieron para mí,
sí, la muerte estuvo cerca de mí pero pude vencerla,
por eso hoy quiero enriquecer mi ser de esperanzas,
de esperanzas para vencer lo que a mi vida viene,
quiero cantar gritar, reír, soñar, pero me es difícil,
esta incertidumbre que esta ante mí, me entristece,
quiero, deseo, seguir y seguir en este mundo de Dios,
por eso me pregunto qué hacer para seguir,
seguir sirviendo a Dios y a mis seres amados,
¿Qué debo rezar, decir, pedir?
No, no quiero decir que no sé,
ya que no está en mí la decisión de mi vivir,
sólo la esperanza de ver qué sucederá me impulsa.

Espinas   4-18-17

Quita las espinas de mi corazón que me están hiriendo,
retíralas con la nobleza de tu amor,
derrítelas con el ardor de tu pasión,
abre mi corazón con la ternura de tus sentimientos,
ábrelo para recibir la paz de tus palabras amorosas,
no dejes que las espinas y el dolor desangren mi corazón,
mira que cansado está de palpitar sin amor,
regálale la nobleza de tu amor que lo hará revivir,
revivir en la grandiosidad y la belleza del mundo,
porque tú eres el mundo más esplendoroso que llegó a mí,
encarna mi corazón para resarcir el daño de las espinas,
encárnalo con la grandeza de tu amor,
ámame, que eres la única esperanza de mí vivir,
ámame porque tú y solo tú sabes engrandecerme,
sólo contigo la paz tan buscada por mí, se llenará de amor,
déjame también mostrarte mi amor,
ese amor que solo tú has sabido despertar,
comprende que mi corazón se llenó de espinas,
espinas que poco a poco fueron lacerando mi vivir,
llenando de dolor mí vivir ante tanta maldad,
sólo en ti he visto el amor verdadero,
ese amor que sólo tú llevas en ti y que brilla como una estrella,
ese amor que brilla por tu encanto y nobleza,

Deuda   4-16-17

Cuánta tristeza se ha apoderado de mi corazón,
cuánta incertidumbre hay en mí ahora,
ahora que mi vida pende de un milagro,
ahora que después de tantos milagros que hubo en mi vida,
ahora mis sueños vuelan al infinito para orar,
para orar ante tanta tristeza que hay en mí ahora,
ahora que retorna a mi mente tanta maravilla vivida,
en este mundo de tantas maravillas que Dios me permitió vivir,
hoy hay tantas dudas por lo que a mi vida vendrá,
hoy quiero perpetuar tanto amor que hubo en mi vida,
hoy mi ser llora porque no hay camino que me lleve a la luz,
a esa luz en la que mi vida se desenvolvió,
a esa luz que día a día iluminó mis caminos,
caminos de realizaciones, de aventuras y de tanto más,
por eso mi vida se entristece ¡Quiero vivir!
vivir sí, pero a la vez el tratar de encontrar el mundo de Dios,
sí, ese mundo que tanto deseamos conocer,
sí, pero que aún quiero retardar esa aventura,
porque a la vida le debo tanto,
porque se me dio tanta alegría que me siento en deuda,
quiero pagar, pagar esa deuda de tanta felicidad y amor,
ayuda le pido al cielo para pagar esa deuda.

Senderos tenebrosos   01-31-17

Camino por senderos tenebrosos,
por esas sendas de incertidumbre llenas de dolor,
de ese dolor que da el pensar en perder el vivir,
porque para mí el vivir fue tan grandioso y espectacular,
que hoy quisiera encontrar el camino eterno,
eterno sí, pero en esta maravillosa vida,
pero sé que es absurdo, ya que la vida no es eterna,
fui tan feliz que en cada estrella vi siempre una esperanza,
porque hasta las estrellas llenan de esplendor nuestro cielo,
en ese cielo donde el amor y el romanticismo prevalecen,
hoy las lágrimas las tengo que guardar en mi corazón,
porque sé que nada ganaré ante el peligro que me acecha,
sé que debo enfrentarme a esa incertidumbre sin temor,
sé que debo llenarme de esperanzas,
pero sé también cuánto dolor hay en mi pecho por esa incertidumbre,
haber tenido tantos maravillosos momentos vividos,
esos momentos cuando vi a mis niñas nacer y ahora crecer,
ante esos momentos inolvidables ¿Cómo no temer?,
si existe la posibilidad de no verlas más,
lloro sí, porque las amé tanto,
tanto que fueron, son, y espero sean mi vivir en mi camino.

En el silencio

En el silencio de la noche tejo mis alegrías y tristezas,
las voy bordando con esmero cuando fueron llenas de amor,
pero también bordo en negro y azul las de las tristezas,
pero el bordar lleno de paisajes esas alegrías del amor, es lo máximo,
las bordo encadenando cada palabra que recibí de amor,
o las bordo con luces por esos días llenos de alegrías,
o las bordo con paisajes de bosques y flores cuando me divertí,
o con la luna cuando soñaba con tener el más profundo amor,
porque es como ver las nubes hacia el horizonte así brillaba el amor,
como paisajes en el amor o como las olas del mar que me hacían sentir la vida,
pero cuando mejor puedo bordar es en los amaneceres,
porque con cada bello amanecer se encendían mis aventuras,
esas aventuras que me llenaron de tranquilidad y amor,
y como paisajes nevados mis días de tristeza,
por eso hoy puedo bordar toda mi vida,
bordar el amor, la alegría y la tristeza,
bordarlas para así llegar a mi final,
para cuando me recuerden vean mis bordados,
que puedan ver que hubo más amor y alegrías que tristezas,
porque tuve la fortuna de vivir bajo la mano de Dios,
y esa fue mi mayor fortuna,
esa fortuna que llené y disfruté de una vida maravillosa,
gracias al silencio que callo todas las desgracias,
esas que casi me golpearon pero que no me dañaron,
porque en el silencio bordé más alegrías que tristezas.

¿Amarte?   02-10-17

Llenarte de amor es mi ilusión,
porque tu belleza se engalana de pasión,
hasta con las flores tu belleza se adorna con gran emoción,
al compás de la música tus pasos cantan mi canción,
los encantos de tu ser llenan mi corazón,
de ese amor que inspira vivir dentro de una gran emoción,
quiero amarte donde tus ojos nunca se llenen de lágrimas,
tu belleza me enamora como las rosas del verano,
porque una noche de amor contigo me eternizará en el amor,
porque tú eres vida y amor en medio de la vida,
en la pureza de tu voz se escucha tu pureza para amar
sólo tú llenas los espacios de esplendor y grandeza,
guardas en tu corazón la inmensidad del amor,
con el color de tus ojos se pintan los colores del amor,
rojo, blanco, azul, negro, tantos colores como tienen tu amor,
sé que en tu rostro hay tristeza, pero también hay la sonrisa del amor,
tus palabras se gravan en mi corazón ante tu amor,
en ellas encuentro las palabras sagradas del amor,
en ellas están llenas de entrega de tu gran amor,
cómo no compararte con la más grande alegría del amor,
si amarte será como navegar por la vida en la enorme nave de tu amor.

Tus ojos   02-19-17

Cuando veo tus ojos,
veo el amor y la pasión en tu ser,
de tu mirada quisiera ser yo el centro de ella,
porque pensar en disfrutar de tu amor es mi pasión,
¡Ven, ven a mí!, no sólo me veas, ven a mí,
déjame tocar tus labios para oír tus palabras de amor,
déjame tocar la frescura de tu rostro de ángel,
déjame tocar la suavidad y riqueza de tu cuerpo,
déjame tocarlo porque sé que es más valioso que el oro,
tu piel es indescriptible y valiosa en el amor,
déjame amarte con esa pasión que en tus ojos veo,
déjame ser quien te ame por toda la vida,
déjame ser el único ser feliz con tu amor,
porque llevas en ti la gran calidad de mujer,
esas cualidades que solo un ser como tú tiene,
déjame ser quien endulce tu vida de amor,
déjame ser el gran amor de tu vida,
porque eso eres tú para mí, la esperanza del amor,
de ese amor único e imperecedero que todos deseamos tener,
quiero cantarle a la vida y al cielo la grandeza de tu ser,
nada ni nadie puede desviar ahora mi mirada de ti,
porque siento que eres tú lo mejor y más bello que puedo tener,
tú y sólo tú eres tan grandiosa para mí,
sí, en tu mirada lo veo y lleno del amor que hay en ti.

¿Lloras?   02-23-17

Ante tus lágrimas y en el fondo de mi corazón,
yo le canto al cielo porque los colores del arco iris nos iluminen,
porque del cielo debemos esperar todo ese amor que soñamos,
para que podamos decir cuán maravilloso es vivir,
porque lo que más necesitamos es amor, amor intenso,
de ese amor que nos lleva a soñar y gozar de la vida,
pero siempre amándonos como si el mundo fueses nuestro,
en ese mundo lleno de colores, armonía, vida y amor,
ven, corramos por la playa o por las praderas amándonos,
llenémonos de felicidad amor y pasión,
porque la vida nos está dando la mayor fortuna, el amarnos,
de ese amor que nos hará vivir, soñar, amarnos cada día,
ven, ven a mi gran amor por ti y devolvámosle al cielo nuestro amor,
que vean en nosotros cuán felices somos en esta vida,
porque al amarnos nos fundimos en un sólo amor,
en un sólo ser que palpita, ora y vive de amor,
ven corre alcancemos el carruaje del cielo,
en ese que nos da vida y amor para siempre,
volquemos nuestro amor entre las flores,
disfrutemos de lo único que nos da vida,
sí, el amor, el amor eterno, cantémosle al cielo,
que llenos de amor y vida estamos llenos.

Sólo a ti   03-12-17

¿Por qué debo amarte sólo a ti?
Tú que brillas con tu belleza interior,
tú que cantas y hablas como un ángel,
¿Por qué? ¿Por qué? si no es posible adivinar tus pensamientos,
Hoy sólo puedo invocar tu perdón por amarte tanto,
porque hoy sé qué tan difícil es anidar en tu corazón,
pero tú si te adueñaste de mi corazón,
y porque de tu amor me llené de hermosos recuerdos,
por eso hoy lloro, porque no puedo obtener tu perdón,
porque hoy ya no puedo vivir de recuerdos,
porque hoy como nunca necesito de tu amor real,
de ese amor que día a día me entregaste,
hoy te ruego comprender mi llanto que es por tanto amor tuyo,
hoy quiero recuperar tantas ilusiones,
ilusiones que forjé con tu amor tan especial,
de ese amor que me alimentó para vivir,
vivir en medio de tragedias, infortunios y glorias,
déjame revivir aquellas tardes, noches de tu amor,
no, no me dejes en esta dolorosa angustia,
perdóname el no haber sabido amarte,
amarte como tú lo deseabas y soñabas,
perdóname antes de que mi alma se acabe,
vuélveme a amar como al principio de nuestras vidas,
porque yo te amo y te amaré como a nadie.

Mi noche de amor   04-02-17

Con todo mi corazón te puedo rogar,
rogarte por una noche de amor contigo,
una noche que llene nuestros corazones de amor,
sí, de ese amor que perdure por siempre,
porque al ver tus ojos, tus labios, todo, todo en ti es amor,
no puedo más que susurrarte a los oídos, me ames,
me ames como nadie pueda amarme,
porque en tus ojos veo la gran belleza que hay en ti misma,
sé que derramas sensibilidad, amor y gratitud,
tantas cualidades que como las tuyas nunca encontré,
por eso te pido perdón por amarte tanto,
por eso te ruego abre tus brazos, recibe mi corazón,
recíbeme con todo tu amor, que para mí es sagrado,
en tu alma hay tanta dulzura y sabiduría que en tus ojos se ve,
ven, ven a mí recibe este amor que te hará vivir,
perdóname por desearte y amarte tanto como a nadie he amado,
yo no podré decirte adiós nunca,
yo quiero envolverme en los colores de tu vida,
de esa vida incomparable que veo en ti,
y tener esa noche de amor, pero que se vuelva eterna,
ámame que yo siempre estaré amándote.

Cambio celestial   5-5-17

Hoy ha descendido el enviado de Dios,
Hoy nos ha venido a decir que Dios se ha cansado de tanta maldad,
Que desde hoy se acabaron los idiomas,
Se acabaron los gobiernos, las religiones, las razas,
Desde hoy se acaban los países, las banderas,
Desde hoy todos hablarán un sólo idioma,
Desde hoy se regirán por gobiernos mundiales,
Estos se regirán por las órdenes de Dios,
Ya no habrá armas, desde este momento se convertirán en herramientas,
Estas herramientas serán para crear alimentos, viviendas,
Solo se dividirá el mundo por zonas de cultivos,
Se investigará para dejar de matar los animales como alimento,
Se dejará de usar la ignorancia como escudo de la maldad,
Se acabarán las drogas, alcohol y todo aquello que destruya,
Se incrementará el estudio para revitalizar la civilización,
Se acabarán los dueños del mundo que solo destruyen,
Ya no habrá cárceles ya que no habrá maldad ni crímenes,
Todos trabajaremos para todos, la humanidad tendrá que cumplir,
Sí, cumplir con los designios de Dios que nos serán revelados,
Porque somos parte de un Universo de creación y no de destrucción,

De nuevo   05-12-17

Quiero volver a sentir tu amor,
caminando a tu lado como antaño,
comenzar nuevamente nuestras vidas,
comenzar con todo nuestro amor,
comenzar lo que siempre deseamos el uno del otro,
ven, vamos a caminar por las playas amándonos,
caminemos imaginando lo que haremos,
lo que haremos de nuestras vidas con amor,
con ese amor tan intenso que nació en nosotros,
ven dame tu mano y empecemos nuevamente,
empecemos lo que tanto deseamos vivir,
un amor como nadie lo haya tenido,
porque yo en tus ojos vi la dulzura,
en tus ojos había un no sé que de pureza,
de amor y construcción de una vida sin igual,
ven dame tu mano, no me dejes llorar de tristeza,
déjame llorar pero por tu amor tan grandioso,
porque grandioso siempre sentí tu amor,
déjame, déjame volver amar cada segundo de nuestras vidas,
porque en tu grandeza de mujer siempre hubo amor,
y de ese amor hoy nos siguen esos amores,
esos amores fruto de nuestro gran amor,
ven caminemos a la orilla del mar enamorados,
enamorados de la vida que Dios nos dio.

Volar

Con el volar y el cantar de las aves,
mis pensamientos se abren ante la grandeza de la naturaleza,
¿Cómo no apreciar tanta belleza?
Cuando nos canta la naturaleza su grandeza,
por eso me indigno ante ella por nuestros actos,
actos que diariamente cometemos en su destrucción,
nuestra inteligencia se supone es para engrandecerla,
por eso digo ¿Cómo es posible tanta maldad en nosotros?
¿Cómo? Cuando pregonamos ¡vida y amor!,
Y solo muerte, odio y destrucción hacemos,
hoy ante tantos hechos convencido estoy,
nada, nada hemos de lograr con tantos odios,
¿Cuándo podrá el hombre comprenderlo?
¿Cuándo? ¿Cuándo nos estemos quemando?
Porque eso es lo que pregonan los seres humanos,
odios, guerras, separaciones de todo tipo, destrucción,
todo, todo para destruir,
¿Qué podemos invocar?
si hasta el cielo se ha espantado ante tanta maldad de la humanidad
¿Será que sólo debemos esperar muerte y destrucción?,
Yo deseo tanto encontrar respuestas positivas,
pero no encuentro ninguna y el pavor me invade,
pero vivo como todos esperando el milagro de la vida.

La vejez   5-18-17

¿Cómo recuperar la alegría de la vida?
Si para mí, mi vida se ha tornado en un letargo,
Sí, porque hoy son las enfermedades de la vejez,
si las de la vejez que poco a poco te van quitando la vida,
y sí me duele porque la vida para mí fue maravillosa,
las escuelas, los viajes, los triunfos en el trabajo y tantas aventuras,
y hoy si lloro porque estoy lleno de recuerdos,
pero hoy las deficiencias de salud me hacen pensar,
pensar en ese pasado, porque en el presente hay dolor,
dolores físicos y morales y de recuerdos de seres,
de seres que ya partieron, pero que me dejaron tanto amor,
hoy la música es mi mejor medicina y acompañante,
hoy le canto a la vida por todo lo que me dio,
hoy sé que tan solo ocupe un espacio de vida,
pero hoy no puedo quitar de mis pensamientos lo amado,
porque hoy sé que lo más amado de mi vida, me aman,
hoy son mis hijas y nietos los que me hacen vivir,
por eso hoy doy gracias por tanta dicha,
hoy también paseó en mi mente tantos recuerdos,
que hoy son para mí tan maravillosos,
que hoy no hay recuerdos tristes o malos,
hoy solo hay tanta belleza en mi memoria,
que espero que el final llegue con su maravillosa incógnita.

Yo te amo   5-16-17

Cómo quisiera poder cantar a tus pies,
para cantar el amor que por ti yo siento,
quisiera bajar el firmamento y las estrellas,
para ponerlos a tus pies y puedas comprenderme,
porque mi amor por ti va más allá del firmamento,
yo no te amo como un objeto, yo te amo por lo que eres,
te amo con el alma y mi sinceridad está en tus manos,
a nadie he encontrado que pueda amar como a ti,
por eso canto con todo mi corazón a ti,
te amo, te amo y ni la muerte podrá hacerme olvidarte,
te amaré siempre porque eres de las mejores almas del cielo,
por eso deseo cantarte, para que me escuche el mundo,
y sepa cuánto deseo entregar mi vida a ti,
a ti para llenar tu vida de amor e ilusiones,
a ti para evitar las tragedias y las lágrimas de la vida,
de esa vida incontrolada de una humanidad cruel,
porque ellos viven odiándose los unos a los otros,
cuando se nos instituyó amaos los unos a los otros,
por eso te amo para defender tu vida,
llenar tu vida de ilusiones y llenarte de paz y amor,
si lucharé por darte en esta vida amor,
y en la eternidad, que compartamos el amor con Dios.

Tú en mis sueños   5-29-17

Cuando en mis sueños se centran en un solo ser,
es cuando siento que el gran amor de mi vida eres tú,
porque hasta mis sueños tú eres la dueña de ellos,
en ellos caminamos, volamos, navegamos, siempre amándonos,
en ellos nuestros corazones se aman con intensidad y pasión,
en ellos tu imagen se transforma en ese ser hermoso que eres tú,
siempre, siempre soñándote como el ser más grandioso de mi vida,
por eso cuando despierto sé que mi vida está rodeada de ti,
por eso sé que mi vida te la he entregado como tú a mí,
que en nuestra vida está la confianza y la esperanza,
porque años han sido de luchar en la vida aún con tantas heridas,
pero siempre supe que con tu amor todo cambiaría,
si porque fuiste el ser más preciado regalo del cielo,
ese ser que me llenaría de amor y entrega,
ese ser que me iba a acompañar en la lucha del vivir,
a luchar sí, pero con amor y valor,
porque Dios nos puso en el camino para unirnos,
por eso sueño tanto contigo,
porque eres un ser maravilloso en mi vivir,
porque gracias a tu amor nuestro mundo se multiplicó,
hoy no puedo más que soñar en una sola realidad,
tú, Dios y el resultado de nuestro gran amor,
tú eres mi luz propia en los senderos de mi vida.

¿Escuchar?   6-5-17

¿Cómo escuchar los cantos celestiales?
Cuando el corazón se ha llenado de tristeza,
cuando ves que de las flores sus pétalos caen,
cuando todo lo que te rodea está lleno de miseria,
cuando el hambre y el crimen abunda entre la gente,
¿Cómo llenarse de esperanzas? Si nadie te las da,
¿Cómo orar? Si a nadie le conmueves,
¿Cómo vivir con tanta ignominia?
Cuando sales a la calle y lo haces como un perseguido,
cuando las noches y los días ya no se diferencian,
porque a todas horas el peligro acecha,
porque no es sólo en un país sino en todo el mundo,
si el mundo se ha llenado de miseria y crímenes,
ves por todos lados a la gente llorando y gritando,
gritando por paz y justicia,
pareciera que nos han abandonado a nuestra maldad,
porque aparte de maldad y crimen domina la corrupción,
¿Dónde encontrar esa paz que nos permita vivir,
vivir impulsando el amor y la justicia?,
por eso deseo escuchar los cantos celestiales,
esos que ablanden el corazón de la humanidad,
para vivir amándonos y orando por nuestra salvación.

¡Odio!   6-7-17

Permíteme borrar de tu alma tanto odio hacia mí,
yo me he confundido contigo por lo que me expresas,
porque yo sólo te entregué puro amor,
hoy tú me reprochas diciéndome que nunca fue amor,
que cada una de mis palabras te hirieron profundamente,
que cada acto mío hacia ti fue pura violencia,
que mis noches de amor que te daba, te asqueaban,
que el convivir con un ser tan odioso como yo fue un calvario para tí,
que has soportado mi odio y desplantes porque no tenías más,
que te uniste a mí porque mis palabras fueron un engaño,
créeme que no lo entiendo por más que quiero,
ya que mi amor por ti fue real,
quizás abusé porque fueron las más esplendorosas noches de amor,
que la situación económica en que vivíamos era desesperante,
que traté de suavizar mi rabia ante la impotencia de no lograr mejorar,
porque yo me había prometido darte la mejor vida,
quizás te parecí odioso pero no era contra ti mi coraje,
mi coraje era contra mí mismo por ser un inútil,
ya que según yo luchaba contra todo por obtener más para ti,
pero lo único que obtuvimos fue pura miseria,
por eso hoy me haces ver que nunca tendré tu perdón,
porque ahora sé que arruiné tu vida,
hoy entiendo que ya no habrá perdón,
que lo único que me queda es dejarte ir,
porque ya nunca me podrás amar,
perdón, sólo quisiera saber que pudiera haber una oportunidad más,
pero hoy sólo veo tu odio hacia mí.

En mi mente   6-10-17

Mi mente se llena de recuerdos,
el amor que en mi vida existió se grabó en ella,
cada día, una palabra, una caricia, un regalo,
y en cada día la lucha por sobrevivir con amor existió,
y en cada día mi vida se engrandeció siempre con amor,
hoy los recuerdos los llenan mi madre,
mis abuelos y tantos que me rodearon,
hoy lloro por todos esos días de felicidad que tuve con ellos,
pero que sé que nunca volverán a mí,
me demostraron tanto amor mis abuelos,
pero no mi madre, de ella guardé las mayores tristezas,
como el dejarme en un Orfanatorio para niños,
o verme postrado en la enfermería de allí con pulmonía,
o ver en ella que parecía ciega ante el trato que yo recibía,
sí, el de su supuesto compañero que sólo me odió,
y que por el amor a mi madre desperdicié mi vida escolar,
ya que con mis abuelos lo hubiese tenido todo,
pero el egoísmo o no sé por qué nos sacrificó a su lado,
quizás por su amor o por ignorancia,
triste fue mi niñez y adolescencia,
pero me sirvió para madurar y enfrentar la vida.

El pasado   6-7-17

Cómo duele el alma cuando veo el pasado,
cuando veo que la paz no mitiga el dolor,
porque el pasado no puede quedar atrás,
porque en él viví los momentos más felices de mi vida,
pero hoy la soledad lacera mi existencia,
porque hoy esa soledad nada la conforta,
pero cuando me doy cuenta que no estaba solo,
es cuando la felicidad de aquellos momentos llena hoy mí vivir,
es verdad que en el pasado hubo mucho amor,
que también hubo muchos momentos inolvidables,
pero que hoy con ese amor que siempre recibí vivo,
si vivo feliz y en paz,
porque ese amor me hace revivir el pasado,
porque aunque en todo ese tiempo hubo felicidad,
también hubo soledad y dolor,
¿Cómo podré perdonarme el haberte amado tanto?
Si cada día que te veo tiembla mi corazón por ti,
yo no puedo sepultar el pasado porque es mi presente,
porque tu amor vibró y vibra hoy en cada momento de mi vivir,
una vida llena de recuerdos de amor que cada día se renueva,
porque tu amor ha estado siempre lleno de vida,
hoy aunque me duele el alma ver el pasado,
que es por tantos momentos de entrega y amor,
esperar que la vida me dure no es mi afán,
mi afán es que los dos vivamos hasta el final.

En la tristeza   6-8-17

Cuando te encontré fue en los momentos más tristes,
sí, cuando lleno de penumbras, miseria y soledad vivía,
pero tu belleza despertó en mí el vivir nuevamente,
sí, porque en tu rostro radiabas dulzura y amor,
y me lo entregaste a mí sin condiciones,
me empezaste a llenar la vida de amor y esperanzas,
tu belleza sin límites engrandeció mi ser,
por tí empecé a luchar por lograr tu amor y tu felicidad,
con el tiempo tus entregas de amor borraron mi tristeza,
tu grandeza forjo nuestros destinos en el amor,
en ese amor lleno de todo sin dudas ni pesares,
caminar por las tardes de tu mano nos forjo,
nos forjo para ser la pareja enamorada que somos,
en ese amor que encubrió los dolores y miserias,
porque con tu amor se forjo nuestras vidas con realidades,
pero también en un verdadero sueño de amor y alegrías,
caminar por bosques, playas, ciudades todo fue con amor,
nada, podría decir que empaño nuestras vidas,
juntos caminamos en el amor familiar,
porque con tu amor crecieron nuestras vidas con nuevos seres,
por eso hoy solo sueño con tu amor,
hoy sé que la muerte solo nos separara por un tiempo,
porque hasta en la eternidad nos volveremos a encontrar.

Pedazos   6-12-17

Se cae mi vida en pedazos,
ya nada alienta mi vivir,
mi alma llena de recuerdos se ha entristecido,
hoy los alicientes del vivir parecen esfumarse,
porque en mi vida las cosas parecen envejecer,
porque hoy todo no parece coincidir conmigo,
y las tragedias son más reales que en el pasado,
porque en el pasado la alegría de vivir me cegaba,
porque había amor, salud, felicidad,
hoy todo se ha vuelto muy triste para mí,
hoy vivo en ese mundo cruel que no veía,
hoy vivo en esa realidad que en la juventud no ves,
hoy ha llegado a mí la vejez y sus carencias,
hoy ni el amor encuentro,
hoy solo espero cubrir mis carencias,
hoy solo espero que la eternidad llegue a mí,
hoy la realidad de ver tantas tragedias me impacta más,
porque hoy sí veo que nadie nos escucha,
tantas lágrimas y gritos pidiendo paz y no llega.

Amor profundo   08-28-17

En este amor tan profundo que siento por ti,
la rabia me consume por los celos,
porque tú y sólo tu idolatro en mi vida,
me enamoré tan intensamente de ti,
que sólo tú llenaste mis pensamientos,
pensamientos de amor y entrega a ti,
día a día el despertar enamorándote fue mi vivir,
pero hoy que traicionaste ese amor por ti,
hoy ya no puedo vivir en el amor a ti,
hoy la rabia de los celos me ciega,
hoy solo en esta tristeza en que me dejaste, vivo,
por eso sé que hoy para mí ya no hay amor,
que todo lo hermoso que contigo viví se acabó,
contigo se formaron mis mayores sueños de amor,
contigo las noches esperé siempre para recibir tu amor,
contigo la vida era construir grandezas,
no eran castillos en el aire porque tu amor los disfrazaba,
pero hoy sí veo que fueron eso, solo aire,
porque tu amor sólo fue hipocresía,
hoy si sé que la vida de amor se acabó para mí,
hoy los celos y la rabia son lo único que veo,
hoy ya no siento ilusiones por nada,
solo rabia y celos.

Mi álbum musical de amor   08-3-2017

Hoy me pongo a llorar,
hoy ante los recuerdos del amor que conocí,
esos que llenaron mi alma sin envidias ni rencores,
esos amores que rodeados de melodías viví,
melodías que hoy son historias de amor,
historias de amor como las que viví,
siempre en la dulzura de una entrega con toda pasión,
fueron sus ojos, sus labios, tanto que no sé qué fue,
porque describir el amor que sentí, llenó de todo,
hoy puedo decir que no fueron tantas las bellezas a quien pertenecí,
fue sólo a ti, a ti que te convertiste en una multitud de amores,
porque en cada día, tú me hiciste sentir algo nuevo en el amor,
siempre, como si fueras un nuevo amor,
un nuevo amor lleno de misterios y encantos,
por eso en cada día, fuiste siempre algo nuevo y grandioso,
algo que me hiciste vivir, como si fueran miles,
si miles de amores porque cada día fuiste distinta,
pero a la vez única, porque con tu belleza lo llenaste todo de amor,
de amor concebido, como si fuera del cielo mismo,
hoy lloro, porque contigo viví en cada día un nuevo amor,
siempre como si fuese una nueva canción,
eso fuiste tú para mí,
tú te convertiste en ese álbum de amor y melodías,
siempre grabándose en mi mente y mi corazón,
como cada melodía que se impactó en mí.

Caminando en la soledad   08-27-17

Camino por las calles en mi soledad,
camino porque no aprendí a vivir sin ti,
en el azul del cielo se refleja mi tristeza,
en tus ojos siempre encontré mi camino,
pero hoy sin ti la vida está vacía para mí,
¿Cómo encontrar un camino que me lleve a ti?
Si nunca fui capaz de comprenderte,
solo en mi egoísmo te amé, sin tomarte en cuenta,
tus lágrimas eran un triunfo para mi egoísmo,
la vida era todo placer y trabajo para mí,
pero poco a poco fui destruyendo tu amor,
poco a poco tu frialdad se mezcló en nuestras vidas,
en mi ceguera, solo conté yo y solo yo,
hoy que partiste de mi lado todo se oscureció para mí,
hoy he comprendido que tú eras la guía de mi vida,
hoy en medio del horror de la soledad, lo he comprendido,
ya no es posible encontrar un amor como el tuyo,
¿Solicitarle a la vida otra oportunidad en el amor?
Eso, por mi egoísmo y mi vejez ya no hay posibilidades,
la vida a tu lado ¡Maravillosa! Sí, pero yo la destruí,
hoy sólo el silencio es lo que puedo tener por compañía,
hoy soy yo mismo el producto de mi estupidez.

Elevarte   09-01-17

Te elevé tanto que mi amor por ti era y es infinito,
la sensación de amarte fue siempre sin límites,
la vida nos brindó lo mejor para amarnos,
tú habías tocado mi corazón con el esplendor de tu amor,
cómo no comparar nuestro amor con las estrellas,
ellas que son la luz de tanta vida espacial,
así fue y es nuestro amor como un universo,
nuestras vidas estuvieron siempre acompañadas de melodías,
melodías que nos sirvieron siempre de inspiración,
ni el tiempo, ni las tormentas empañaron nuestras vidas,
a tu lado, compramos solo amor y vida,
porque siempre nos llenamos de vida,
hoy que el tiempo nos ha ganado, nuestro amor sigue,
sigue sembrando para cosechar dicha eterna,
los infortunios y los golpes de la vida, poco nos tocaron,
la paz y la tranquilidad reinó siempre en nuestros corazones,
si sé que hubo mucho dolor, pero no nos destruyó,
la vida entre los dos la supimos enfrentar todo,
la eternidad nos espera para ejemplificar nuestro amor,
para decirle a los demás que siempre nos tocó el amor,
que nuestros caminos juntos estuvieron siempre en uno solo,
que nada ni nadie pudo dañarnos,
amarnos fue, es y será nuestra vida.

Sueño de amor   09-29-17

Fuiste la mujer de quien más me enamoré perdidamente,
pero claro fuiste siempre un sueño de amor,
contigo imaginé tantos sueños donde me entregabas tu amor,
pero claro siempre fuiste un sueño de amor intocable,
tú jamás volteaste a mí para ver cuánto te amaba,
te imaginé tanto amándonos, pero sólo fuiste un sueño,
te llevé en mis pensamientos, en mis ideas en todo estabas tú,
contigo formé el más grande sueño de amor,
te imaginé tantas veces haciéndote el amor,
pero la realidad de mi vida era una pesadilla sin ti,
tú jamás te diste cuenta de mi amor por ti,
perseveré en mi mente, buscando una luz de ti hacia mí,
pero nada, nada brotó en ti por mí,
fui un desconocido enamorado de tu grandeza,
sí, porque siempre vi la gran mujer que eres,
día a día deseándote, amándote pero solo en mi mente,
las flores adornaban y perfumaban tu rostro,
tus labios, tus ojos, tu rostro solo exististe en mi corazón,
tu voz, tus encantos, tu dulzura, ¿Cómo no enamorarme de ti?
tu cuerpo siempre tan sensual, pero tan lejos de mí,
¿Cómo alcanzar tu amor si tú ni siquiera me conocías?
Amarte por siempre será el sueño de mi vivir,
como tu nadie, aunque nunca sepas cuánto te amo,
fuiste, eres y serás como una rosa en una burbuja,
ya que tu belleza tan grandiosa volaba por los aires,
por los aires para que nada la tocara y así volar siempre.

En la claridad de la luna   10-3-17

Déjame estar contigo hoy que la luna resplandece,
déjame caminar de tu mano sintiendo tu grandeza,
déjame escuchar de tus labios un te amo,
porque en la soledad del camino y el brillo de la luna estás tú,
déjame nuevamente sentir el calor de tu mano,
déjame sentir el gran amor que por mi sientes,
en esta oscuridad tú y la luna iluminan mi vida,
dame esta noche que puede ser la que eternice nuestras vidas,
porque sólo un alma como la tuya puede darla,
amarte a cada instante con esa pasión que siempre me das,
quiero amarte por siempre y nunca perderte,
son tus ojos los que dirigen mi vida,
comprende que tu alma se apoderó de la mía,
necesito de ti como el aire que respiramos,
solo tú con la belleza de tus ojos puede amarme,
solo tú puedes expresar en tu mirada cuánto me amas,
sé que tú proteges mi alma y diriges mi vida,
entonces ven y gocemos de estos momentos maravillosos,
déjame sentir las palpitaciones de tu corazón,
porque en ellas como en las mías es el eco de nuestro amor,
toca mi alma y mi ser para que sientas cuánto te amo con toda intensidad,
déjame seguir en esta alegría que tu amor me da,
déjame penetrar en tu mirada para saber cuánto me amas,
porque así entenderás cuanto yo a tí te amo,
y podrás entender cuánto siento por tí cuando escucho tu voz.

A ti Hija adorada   09-30-17

Una gota de tus lágrimas empaña mi vida,
porque fuiste la ilusión de una nueva vida para nosotros,
tú trajiste a mi vida la fortaleza de la vida,
porque en tu inocencia apoyaste tu vida en mí,
más sin embargo yo no pude manejar tu vida,
yo por el amor que te tuve te proveí de todo,
de todo lo que pude para que tú disfrutaras de tu vida,
y a través de los años vi como tu ser se engrandecía,
hasta que el infortunio tocó tu ser,
creíste que la vida se podía enfocar en la riqueza,
pero ella te ha demostrado cuánta falsedad tiene,
es el amor lo que puede llenar tu vida de amor,
porque no es la riqueza la que da la felicidad,
porque para vivir necesitas amor no riqueza,
ya que la riqueza tiene graves peligros,
hoy que te veo sufrir en tu desgracia,
hoy se me parte el alma y mi ser parece perder la vida,
porque a ti como a todos los seres que traje al mundo,
a todos les brinde mi amor y mi lucha por darles vida,
pero hoy mi vida parece no tener sentido con tu desgracia,
porque hoy no sé a quién rezarle porque te devuelva la vida,
esa vida que parecía estar llena de alegría,
esa vida que pudiste engrandecerla con tu ser,
hija por amor, devuélveme la vida.

¿Encanto de vivir?   10-21-17

Me pregunto cuál será el encanto de vivir,
cuando en el corazón hay y habido tanto sufrimiento,
día a día despiertas tratando de encontrar paz y amor,
y en cada amanecer encuentras solo dolor y sufrimiento,
entregas tus esperanzas en quien más amas,
pero de ti también esperan amor y paz,
pero tu miseria y frustración te impiden darlo,
luchas, luchas contra todo y todos y nada obtienes,
solo pobreza, dolor, enfermedades, guerras y tanto dolor,
vives, sí, porque tienes que enfrentar las adversidades,
vives siempre con la esperanza y la fe porque todo cambie,
pero la envidia, el delito, la corrupción, solo enriquecen a los malditos,
y que la gente que ora a Dios por amor y paz,
los malditos destruyen todo lo que puede ayudar a cambiar,
por eso mi vida ha sido el de llorar,
llorar porque es imposible luchar contra la maldad,
primero nos destruyen los malditos antes que se les acabe la riqueza,
esos seres que parecen manejados por la maldad,
pero que dizque pregonan amor y paz,
pero que solo se aprovechan del dolor y la tragedia,
por eso pregunto ¿Dónde encontrar paz y amor,
cuándo el amor, el pan, el techo donde vivir no lo tienes?,
¿Cómo tener fe en Dios ante esa gente maldita?
Maldita porque así como se burlan de tu dolor,
también lo hacen con la gente que confía en ellos.

Tenerte 10-31-17

¿Tenerte entre mis brazos? ¡Oh cuánta maravilla!
porque eres el sentir de un pedazo de la gloria,
tu aroma, tu piel, tu voz, todo en ti es mi vida,
¿Cómo podría vivir sin todo ese amor que de ti recibo?
¿Cómo no soñar en tenerte entre mis brazos si eres mi ilusión,
sí, esa ilusión que siempre soñé tener,
en cada amanecer la vida contigo comienza con ilusiones,
ilusiones que llevamos a cabo con tu amor,
en cada amanecer a tu lado siempre comienza la vida,
vida que a veces triste tu la coronas de amor,
vida que con tus palabras suenan como melodías,
pero también como flores llenas de perfume y hermosura,
no, no puedo dejar de pensar en lo maravilloso de ti,
en ese amor que a mi corazón entregaste,
amor basado en verdades, ilusiones y vida,
porque la vida a tu lado ha sido todo un encanto,
triste, dura, dolorosa, pero a la vez tu amor la encantó,
cómo no pensar que vivo en el paraíso si en él estás tú,
no, no puedo engañarme con tristezas y tragedias,
estás tú siempre atrás para transformarlas en vida,
esa vida que es para construir lo mejor de nosotros,
tú y sólo tú eres mi gran amor,
tú y sólo tú me acompañaste y me acompañarás hasta el final,
te amo, aunque yo no sepa como amarte,
pero te amo y te amaré hasta la eternidad.

Ven   11-04-17

Corre, corre a mí que el tiempo vuela,
comprende que yo sufro por tu amor en esta distancia a ti,
yo te amo tanto que el tiempo para mí es eterno sin ti,
sí, porque no estás en mis brazos,
te amo tanto que nada me entusiasma sin ti,
sólo tú porque abriste mi corazón,
y lo llenaste con tu amor y alegría,
hoy no puedo esperar tu regreso,
tu ausencia me hace llorar y sufrir,
porque tú llenaste mis caminos de amor y alegría,
hoy sin ti se ven tristes y solitarios,
hoy ni las flores siento que florezcan,
ven, ven, te lo ruego con toda mi alma,
tu amor fue tan profundo que ni el tiempo sentí,
me hiciste vivir, vivir cada instante con tu alegría,
hoy cuento cada minuto que sin ti paso,
te amo tanto que no hay día que no me llore el corazón,
tú para mí eres insustituible me siento a beber de tu amor día a día,
tú eres la que ha llenado la historia de mi vida,
ven, ven regresa a mí que aún hay muchos capítulos que vivir,
tu eres la única que los llena de vida y amor,
déjame seguir llenando cada capítulo de nuestras vidas,
llenarlos de amor y felicidad contigo,
aunque la vida para nosotros sea dura,
ven, ven, te lo ruego.

La calle   11-12-17

Quisiera borrar de mi mente tanto dolor,
pero al recordar cómo la calle me abrazó desde niño,
y saber que el hambre y la miseria eran mis maestros,
difícil es el olvidarlos, principalmente cuando no los superé,
sabía que no era el único, que había millones que también la pasaban,
pero eso nunca me hizo feliz, ni aceptar lo que vivía,
en la niñez y la adolescencia fueron el regalo de la vida,
sí, el endurecimiento del alma y el ser,
como una cascada cayeron mis ilusiones en la profundidad del mar,
nada de mis ilusiones se hicieron realidad,
el hambre y la miseria así como la calle truncaron mis sueños,
sueños de realizarme como un profesionista,
hoy entiendo que la miseria no sólo es de dinero,
con la miseria el hambre te da cansancio mental,
y no se pueden realizar los sueños con hambre,
cuando hay tanta carencia y debilidad física,
por eso todos esos sueños e ilusiones para destacar se esfumaron,
se esfumaron con los años,
hoy la realidad de la vida me hace pensar en quiénes fueron mis padres,
sí, mi madre la calle y mi padre el hambre y la miseria,
por eso hoy sólo la dureza de la miseria me realizo,
me enseñó que no sólo de sueños o ilusiones debemos vivir,
que debemos luchar para sobrevivir con dignidad.

La luna   11-10-17

Cuando la luna aparece,
mi alma y mi ser renacen,
porque el amor con la luz de la luna florece,
y mi alma se llena de romance,
romance que me envuelve en la ternura,
romance que me transporta también en el tiempo,
a ese tiempo que me hizo aprender a amar la vida,
esa vida que te llena el alma de luz y esperanza,
esa esperanza de cambiar la vida tuya y la de los demás,
porque en el amor renace la vida y la esperanza,
y nunca pensar en el odio y destrucción,
porque nuestras almas fueron elegidas,
elegidas para convertir el Universo en la gloria de Dios,
porque él nos hizo de materia para perpetuarnos,
por eso nuestra misión está fomentada en el amor,
porque el amor es vida, esperanza y eternidad,
porque tenemos todo para vivir eternamente,
vivir eternamente llenando el Universo de vida y amor,
no podemos ni debemos seguir pensando en maldad,
esa maldad que nos divide y destruye,
cantemos a la luz de la luna nuestras esperanzas,
esperanzas de cambiar nuestras vidas al amor,
cantémosle a Dios para que nos ayude,
nos ayude a cumplir nuestra misión,
que es vida, amor, esperanza, unión y eternidad.

Déjame   11-14-17

Déjame tocar tu corazón,
déjame tocar tus sentimientos,
déjame hacer que te enamores de mí,
déjame porque mi ser está lleno de ti,
déjame porque sólo tu llenas de amor mi ser,
déjame hacerte voltear con tu dulzura hacia mí,
déjame probar la maravilla del amor contigo,
déjame porque sólo una alma como la tuya lo da,
déjame vivir con tu amor por toda mi vida,
déjame alcanzar la Gloria de Dios con tu amor,
déjame llenar tu corazón de emociones y grandeza,
déjame que sólo un corazón como el tuyo puede amarme,
déjame tocar el cielo con tu alegría y tu grandeza,
déjame que tú llenas toda la gloria de vivir con amor,
déjame contemplar cada amanecer y anochecer, pero a tu lado,
déjame ser ese ser que envuelva tu vida en la alegría de vivir,
porque sólo un alma como la tuya puede dar vida,
porque sólo contigo en la vida podemos evitar las desgracias,
porque sólo a tu lado el mundo se vuelve un paraíso,
porque sólo a tu lado viviré en el amor hasta la eternidad,
porque sólo tú tienes las llaves del paraíso de nuestro amor,
sólo tú, y sólo contigo podré engrandecerme.

Invierno 11-15-17

El frío del invierno hoy me invade,
hoy mi alma en el frío de tus sentimientos vive,
hoy sé que ya no hay amor, que todo se ha enfriado,
hoy me siento como en el invierno, temblando sin tu amor,
hoy quiero entender donde me equivoqué,
hoy yo sé que te amé tanto que no lo entiendo,
yo vivía en el calor de nuestro amor,
hoy sólo recuerdos quedaron de esa hermosa vida,
hoy la lluvia y el ruido de las tormentas me estremecen,
porque en esa frialdad hoy me siento vivir,
por más que te di, nada quedó hoy,
tu abandono es tan doloroso que no sé ahora vivir,
hoy no sé qué pasos dar en esta soledad,
hoy que el invierno de mi vida llegó todo se oscurece,
sólo soledad, tristeza y miedo de vivir siento,
ni la esperanza de la primavera me entusiasma,
porque sé que nada te devolverá a mí,
por eso pienso vivir sólo en el espacio de mis recuerdos,
sólo sé que eso me llevará a vivir sin vida,
sin esa vida maravillosa que endulzaste con tu amor,
sin esas noches de pasión y amor,
sería tanta mi equivocación por lo que te perdí,
será que nunca supe valorarte,
por eso hoy vivo en la oscuridad del invierno de mi vida.

Frío Invernal   11-20-17

En este frío invernal me pregunto........
¿Dónde esconder el gran amor que por ti yo siento?,
¿Dónde esconder mi tristeza por ese amor que yo siento?,
pero que tú ni me conoces para entenderme,
dónde, dónde me pregunto cuando yo sé que me puedes odiar,
porque no sé cómo resarcir mi imagen ante ti,
tú abriste mi corazón con tu belleza,
y dejaste en él la más grande herida,
porque tú nunca volteaste a mí para amarme o conocerme,
hoy en esta oscuridad y en el frío yo lloro,
lloro por tu amor que nunca alcanzaré,
porque fuiste la más hermosa y grandiosa mujer para mí,
tus ojos, tu rostro, tu cuerpo, tu esencia de mujer,
todo en tí era y es maravilloso,
todo, todo, pero nada te acercará a mí,
porque sólo soy ese fantasma que ronda tu ser,
porque como un fantasma soy, pero el que más te amó,
la eternidad marcará en mí el sueño de haberte podido amar,
sí, amarte y desearte por toda la eternidad,
porque sólo tú, y sólo tu despertó el amor real en mí,
ese amor que tú nunca notaste, ni el valor que tenía,
porque si me hubieses amado, la eternidad sería nuestro paraíso,
porque el amor nos hubiese fundido en un solo ser.

Errores   11-20-17

Lleno mis maletas con mis errores contigo,
indignación, rencor, desilusiones, desamor,
y mucho más he provocado en ti,
y eso sólo me ha hecho pensar en dejarte,
abandonarte antes de que tú me dejes,
sólo errores cometí en nuestra vida juntos,
no supe cantarte, ni hablarte de amor,
mi vida estéril lacero tu vida en el dolor,
yo no sabía de juegos ni de diversiones,
yo sólo sabía de trabajar para vivir,
yo no sabía de dulzuras y cariños,
yo vivía con las presiones de la vida,
yo vivía en las profundidas de las responsabilidades,
yo no sabía lo que tu ser pedía sobre el amor,
yo sólo vivía en el temor del hambre y la miseria,
la vida marcó mis pensamientos en las tragedias de los demás,
tragedias que nunca quise llevar a tu vida,
por eso hoy me siento como en una pesadilla,
porque sé que ya nunca retornará a nuestras vidas el amor,
por eso empaco hoy mis maletas llenas de dolor y de rencores,
sólo espero que puedas entender mis dolores y llanto por ti,
sí, para que perdones esa vida dolorosa que te di,
y que el gran amor que un día me diste vuelva a mí.

¿Jugar?   11-12-17

¿Cómo jugar contra la vida?
cuando ella te ha ganado todas las partidas,
si cuando quisiste jugar el papel del perfecto ser, fallaste,
si cuando has querido ser el amor ideal y sólo fuiste el desleal,
si jugaste con todas las manos las mejores oportunidades y todas las perdiste,
hoy es para sentirse ante la vida como el iluso perdedor,
ya que a todo lo que pudiste apostar siempre lo perdiste todo,
y claro ante la vida quedaste siempre como un perdedor,
jugaste a ser dulce y quedaste como un amargado,
jugaste a tener la mejor salud y ganaste el Cáncer,
jugaste a ser el mejor padre y fracasaste como tal,
cómo ganar si la miseria y el hambre te persiguieron siempre,
jugaste a tratar de ser músico, pero fuiste un inválido,
un inválido para muchas cosas,
lo torpe te provocó el fracaso en la música y el deporte,
pero todos esos fracasos fueron lo mejor para enseñarte a vivir,
a vencer muchos de los defectos que tienes,
y hoy es la escritura y posiblemente será tu mayor habilidad,
la prosa/poética será tu triunfo,
para agradecer a Dios y a la vida lo que te dieron,
la lucha por ganar sólo se acaba con la muerte.

Nostalgia   11-21-17

Es en sí la nostalgia de mi pasado lo que me estremece,
en ese pasado lleno de ilusiones, llanto, dolor y amor,
es el de traer a la mente los rostros más amados,
es en sí el revivir los momentos de niñez, juventud y adulto,
es llenar el corazón con aquel amor de tu madre,
es también llorar por quienes se han ido para no volver,
pero es también revivir esos momentos de alegría con ellos,
es llenar tu corazón con tus vivencias del amor,
es poner cada momento vivido en el mejor de los recuerdos,
es decir nuevamente ¡Hola vida aquí estoy para vivir!
Vivir en esta dicha y dolor de éste mundo real,
es tratar de salir de las sombras de la maldad,
es volver a reflexionar en todos los errores vividos,
para volver a caminar de la mano de quien tanto amaste,
es volver a pensar en el amor infinito de quien tú amas,
de quien ha llenado tu vida de todo, pero amándote,
es revivir con melodías para bailar con quien tú amas,
porque la vida es corta y no la puedes eternizar,
sólo la puedes llenar de amor y felicidad,
es dejar escapar el miedo y temor a la vida,
es renovar el corazón de amor para poder decir adiós,
adiós a la vida y a quien amaste tanto,
es decir, en la eternidad volveremos a unirnos.

Revivíamos   12-12-17

Camino tratando de revivir cada instante vivido en tu paraíso,
pero tu ni siquiera me escuchas,
aunque el silencio en que los vivo, a mí me devuelve la alegría,
esa alegría de cada momento vivido a tu lado,
por eso sólo te pido, ven revisémoslos,
que ese paraíso nos marcó en el amor,
tú lo supiste adornar y yo en creártelo,
ven no abandonemos nuestros sueños,
déjame poner rosas en tus manos para seguir enamorándote,
ve en ellas lo que yo siento en mi corazón por ti,
no dejes que se marchiten porque será igual que en nuestro amor,
déjalas que bañen tu rostro con su aroma,
que es la expresión de mi amor por ti,
no enfríes esa ilusión de amor que por ti yo siento,
tú abriste el paraíso del amor para mí,
revívelo, adornémoslo con nuestro amor,
deja que el calor de nuestra pasión nos eleve amándonos,
todo es muy sencillo, solamente ámame y nos redescubriremos,
todo lo que nos haga inmensamente dichosos,
no permitamos desgracias, dudas ni incertidumbres,
bañemos nuestras vidas sólo de amor,
sólo de amor para que encontremos la eternidad del amor,
ven adornemos nuestras vidas, llenémoslas de flores amor y vida.

Tu fría belleza   12-12-17

Nada me devuelve la vida,
ya me di cuenta que tu corazón es como una piedra,
hoy comprendo la necedad de mis sentimientos,
ya que nada, nada te hará amarme a mí,
ya vi que tu corazón palpita en otro mundo,
ese mundo en que yo me confundí,
pero eres tan bella que cautivaste mi vida,
pero como un tonto me dejé llevar por mis fantasías,
fantasías en las que te imaginé en miles de formas,
pero claro, sin darme cuenta que yo no estaba en tu mundo,
hoy a la orilla del mar en mi soledad lloro,
lloro porque la realidad es cruel cuando no te aman,
y en esa inmensidad del mar es como siento mi soledad,
tonta ilusión creer que tu podrías amarme,
sé que la luz de tu belleza me cautivó,
tu belleza absorbió toda mi atención,
pero tu belleza no era para mí,
tu belleza llena al mundo de esplendor,
pero no fue ni será nunca para mí,
hoy sé que debo vivir navegando en mi soledad,
porque ni comprando tu amor lo lograría,
eres como un Diamante envuelto en oro,
imposible de comprarlo con mi miseria.

Llorar   12-31-17

Me desgarra el alma tu amor,
ya que no estamos en la maravilla que nos unió,
cómo no he de llorar si nuestro gran amor quedó en el pasado,
cómo no llorar cuando sé que partimos por diferentes caminos,
y así el alma llora cuando vacía de amor está,
la tristeza y frustración agobian mi alma,
pero cómo convencer a el alma de no llorar,
cómo convencerla cuando solo sin amor se vive,
ya que todo se esfumó con tu partida,
te amé tanto que mi alma se llenó de ti,
y con esa maravilla todo se extendió en el amor,
pero algo inexplicable lo destruyó todo,
y hoy mi alma llora en esta soledad,
tus besos fueron el alimento diario de mi felicidad,
hoy sólo en esta obscuridad mi alma llora,
porque sé que nada, nada te hará volver,
te canté, te idolatré, y siempre quise amarte con toda mi pasión,
pero nada logré todo se desvaneció con tu partida,
hoy sé que por más caminos que recorra nunca te encontraré,
fuiste y serás para mí la inspiración más grande de amor,
fuiste la mujer que absorbió mi ser,
pero hoy eternamente he de vivir en mi llanto y soledad,
mi alma sólo se puede acompañar de música y soledad.

Silencio y soledad   01-03-18

Desapareciste en la oscuridad de la noche,
en ese silencio que yo aun no entiendo,
te amé como lo más sagrado de mi vida,
pero hoy en este silencio veo que te perdí,
¿cuál sería tu razón?, si todo era amor entre tú y yo,
envuelto hoy me encuentro en lágrimas,
eras mi mundo, mis sueños, mi ilusión de vida,
hoy nada soy en esta soledad, ya que nada veo,
cómo entender tu partida si sólo amor nos teníamos,
comimos de nuestro amor por años,
sólo vida, dulzura y encanto a tu lado había,
jamás pude pensar en nadie más, sólo en ti,
por eso no encuentro respuestas ni caminos que me lleven a ti,
el golpe a mi corazón con tu partida, casi lo paralizó,
sólo romance existía entre tú y yo,
en tus brazos dormía y despertaba, porque tú eras mi luz,
tú eras la mayor ambición de amor para vivir,
no había ambición por riquezas porque tú te envolvías en ellas,
nada te faltaba, por eso nos amábamos,
la libertad de la vida la tenías en tus manos,
por eso, ese silencio nada me explica,
hoy sólo vivo entre riquezas pero que de nada me sirven,
ya que es el silencio lo que me rodea.

Con tu partida

01-10-18

¿Será posible volver a ti?
con tu partir se desvaneció todo para mí,
¿Encontrar una forma de vivir como fue a tu lado?
No lo sé muy bien, nada es comparable a tu amor,
todo lo adornabas para vivir en una realidad con amor,
sólo tú llenaste los vacíos que la vida nos da,
sé que siempre me equivoqué en mi forma de amarte,
pero en esta lucha por vivir todo me transformaba,
¿Te habré cansado? Creo fue lo más seguro,
pero siempre pensé que el amor no se acaba,
pero tú me lanzaste fuera de tu vida,
entenderlo es hoy tan difícil como lo es el vivir,
porque sin ti no hay vida para mí,
tú encerraste la pasión, la emoción, la ternura,
todo, todo en nuestro amor y vida,
por eso hoy no sé cómo vivir si nada tengo de ti,
siempre cubriste mis sueños y mis esperanzas,
¿Qué hice que te impulsó a dejarme?
Nos amábamos tanto que sólo esperaba el atardecer,
para llegar a tus brazos y amarte como a nadie,
cada día, cada noche, eran una esperanza de felicidad,
hoy no acierto en nada, nada me conforta,
tu belleza no era solamente física, era también tu ser interior,
hoy ruego porque pueda entender qué fue,
y así te podré buscar para que retornes a mí.

¿Amor de Madre?   01-10-18

Nací y jamás comprendí el porqué, si no fui un hijo deseado,
yo viví en las penumbras del alcoholismo,
yo viví entre gritos y dolor,
tan sólo tenía 3 años y las escenas más trágicas presencié,
escenas dolorosas que se grabaron en mi mente infantil,
pero me alejaste de esas pesadillas para vivir en tu mundo,
que para mí estaba lleno de soledad y miseria,
hasta que me alejaste abandonándome en un orfanatorio,
pero todo se complicó y casi la muerte me llevó,
sé que hiciste hasta lo imposible por salvarme y resultó,
y sí, de nuevo a tu lado, pero lleno de soledad y sufrimiento,
pero mi Abuelo nos separó dándome los dos mejores años de mi vida,
pero de nuevo "tu amor" me volvió a llevar a tu mundo,
y nunca más volví a sentir felicidad a tu lado,
tuve que aprender a olvidar el llorar,
tuve que empezar a temprana edad a ganarme la vida trabajando,
años fueron de tristeza, soledad y humillaciones,
años que me enseñaron a ver la vida con hambre, dolor y callar,
años que me hicieron correr a la milicia Naval como salida,
años de mucho dolor pero lleno de enseñanzas inolvidables,
años de aprender a madurar y conocer un poco del mundo,
ceremonias, viajes de prácticas y desfiles,
años de gran aprendizaje y emociones inolvidables,
y sí, volví a la vida civil, sólo para realizar mi vida,
ya que nunca más viví a tu lado después de unos meses,
hoy no sé qué agradecer, pues creo que valió la pena la enseñanza.

Nubes   01-27-18

Entre nubes vivo y pienso en el hoy de cada día,
nubes son las que se han formado en mi vida,
tragedias, sueños frustrados, amores falsos,
siempre me llenaron de las palabras de Dios.
pero todos los días veía y oía de crímenes y tragedias,
tragedias de gente inocente, de niños, ancianos, mujeres.
¿Dónde podía encontrar, paz, amor y un buen futuro?
Siempre cuidándome de las tragedias,
con pavor a la muerte trágica,
¿Cómo vivir con esperanzas? Si tanta gente muere trágicamente,
sí, difícil es entender que vivir es tan difícil,
que el mundo está lleno de maldad y conspiraciones para destruir,
que muchas son por odios mal infundados,
que las ambiciones de poder no tienen límites,
que todos los días oímos y vemos esos odios,
odios que nos hacen vivir en pánico y lágrimas.
Pensar que tan sólo son pequeños grupos los culpables,
culpables de tantas guerras, miserias, y tanto dolor,
que al leer la historia verdadera se da uno cuenta de eso,
que por cientos de años siempre han existido esos grupos,
que por siglos han matado tantos millones de seres humanos,
¿Cómo entonces vivir con esperanzas?
Sólo me puedo decir a mí mismo ¡Vive!
¡Vive y sólo protégete cuánto puedas tú mismo de esas maldades!

Una tormenta   02-06-18

El viento te trajo a mí y ¡Oh gran emoción!
Ya que tu rostro tan hermoso me impactó,
el ayudarte en medio de la tormenta nos unió,
y grande y muy hermoso comenzó nuestro amor,
hoy que a través de grandes tormentas hemos vivido,
nuestro amor las ha superado con valor y amor,
porque no sólo tormentas y lluvias pasamos,
sino que a nuestras vidas llegaron las tormentas morales,
esas que supimos enfrentar con tanto amor,
hoy que la vida nos ha regalado el amarnos,
hoy me llenó de vida con tu amor,
hoy me enfrento a todo con tu amor a mi lado,
hoy sé que ninguna tormenta quebrará nuestras ilusiones,
porque con tu amor todo brilla en medio de tantas tormentas,
hoy a Dios le ruego nos deje seguir amándonos,
hoy sé que no somos perfectos, pero nos amamos,
hoy sé que amándonos llegaremos al final de nuestras vidas,
hoy sí sé que será con demasiado amor,
que ninguna tormenta doblegará nuestro amor,
que a través de tormentas supimos amarnos,
amarnos con todo el dolor y la dicha de vivir,
hoy sé que juntos nos amaremos como nadie hasta nuestro final.

Del paraíso

02-07-18

Eres como un ángel del paraíso,
tu belleza es infinita, pues no sólo es física,
ya que estás llena de hermosura en tus sentimientos,
el tocar tus manos es tocar la grandiosidad,
sí, la grandiosidad de mujer que eres tú,
besarte es transportarme al paraíso,
en tus brazos me siento bailar en el cielo,
el amarte es y ha sido lo más maravilloso de mi vida,
en tus ojos veo la inspiración del amor sin igual,
el amarte sé que será tan sólo como si fuera un segundo de gloria,
porque en nuestras vidas el amarte va a ser eterno,
tu voz disfraza cualquier dolor o problema,
los haces aparecer cómo nada en esta vida,
de tus labios, tus palabras son como pétalos de rosas,
ya que sólo sabes endulzar mi vida con tu amor,
cómo no vivir luchando al lado de un ser como tú,
la vida es dura, pero a tu lado todo se vuelve fácil,
tu amor no tiene igual, por eso sé qué tan grandioso es el amarte,
en mis sueños como en mi vivir diario, estás siempre tú,
cómo no pensar en ti si eres ese ángel del paraíso hecho mujer,
yo te amaré hasta mi muerte y estaré esperándote para amarte,
sí, amarte eternamente ya que sé que fuimos creados el uno para el otro,
nuestras vidas se han adornado de rosas y melodías del paraíso,
porque tú viniste de ahí con tu gran hermosura espiritual a mí.

Te perdí

02-07-18

Se me desgarra el alma ante tanta tristeza,
perderte ha sido el mayor dolor de mi vida,
nunca podré ya vivir con serenidad,
mi vida se ha tornado en sombras,
sombras en las que te veo a ti,
pero sé que sólo son eso ¡Sombras!
Partiste de este mundo dejándome sólo,
sólo, porque sólo tú llenabas mí corazón de amor,
¿Cómo resarcir tu partida cuando tú lo eras todo?,
tú eras mi vida, mi sueño de amor hecho realidad,
hoy no sé ya vivir sin ti,
hoy sólo esperaré en este dolor alcanzarte pronto,
mi vida se ha apagado sin tu presencia,
tú eras un ser tan especial para mí,
eras un ser lleno de amor y vida,
tú me diste los mejores años de mi vida,
en ti encontré amor, felicidad y vida,
en ti todo se coronaba con tus esperanzas,
esperanzas de llenarnos de vida y amor,
pero hoy hasta la esperanza de vida he perdido,
sin ti nada, nada tiene sentido para mí,
te fuiste y nunca esperamos que te fueras así,
porque tú estabas llena de vida,
Dónde, dónde estás, ven por mí, déjame ir contigo.

¿El Final?   06-15-18

Qué difícil es vivir bajo las sombras de la tristeza,
cuando te han abierto las puertas de tu final,
cuando a la vida le debes tanto y ya no puedes pagarlo,
cuando tienes lleno tu corazón de ilusiones que hoy se te pueden acabar,
porque ya no ves el gran futuro para ti,
¿Cómo resignarte y caminar hacia esas puertas?
¿Cómo? si amaste tanto el vivir,
y recordar que te llenaste de grandes sueños,
sueños que hoy parecen acabarse,
hoy que quizás te reúnas con quienes te amaron,
hoy que para ti no puedes dejar a quien hoy amas tanto,
¿Cómo? Cómo vivir bajo esta tristeza que tienes bajo tanto dolor,
bajo esta tristeza que hoy se ha apoderado de ti,
hoy aun quieres vivir en tus recuerdos,
pero sabes que la posibilidad de perderlo todo está en ti,
hoy sabes que el tiempo para ti se puede acabar,
porque hoy tienes que aprender a vivir los pocos momentos que te queden,
esos momentos que sabes estarán llenos de tristezas y crueldad,
porque hoy para ti será muy difícil vivir como estás,
y porque sabes lo que hay enfrente de ti,
esas puertas que no sabes a qué horas se abrirán para recibirte.

Vero   3-21-18

Siento que tu alma viaja por el Universo,
siento que ahora sí descubrirás la grandeza de Dios,
esa grandeza del Universo que tanta gloria tiene,
que en cada parte de él tendrás la dicha de escoger,
de escoger donde tu alma podrá alabar a Dios.
Porque en este mundo te materializaste para hacerte realidad,
porque hoy sé que has completado tu preparación,
esa enseñanza física que engrandeció tu alma,
hoy sé que viajas a cumplir tu misión,
esa misión que cada uno de nosotros lleva.
Esa misión con la que hemos de transformar todo a la grandeza de Dios,
porque nos ha dado a cada uno la gloria de servirle,
y hoy sé que te llegó a ti el turno de partir a cumplirla,
hoy te venero y oro por ayudarte en tu camino,
ese camino que todos tenemos marcado,
tú ya lograste cumplir en el mundo material,
aprendiste todo lo que tu alma necesitó para cumplir tu misión,
por eso hoy con todo mi amor oro porque logres cumplirla,
Que Dios te ayude y te premie,
porque seguiremos amándote y recordándote en nuestras oraciones.

Mi soledad   3-31-18

En el silencio de mi soledad caminé por la vida,
y en esos lares te encontré,
tu caminar era una forma deslumbrante y hermosa de ti,
cuando nos cruzamos en nuestros caminos algo brilló,
ese algo que brotó de nuestros corazones,
ese algo de miradas tuyas sonrientes,
ese algo que me inspiró a dejar mi soledad,
ese algo que me hizo seguirte, porque tú me enamoraste,
sí, algo brotó de tus ojos que me cautivó,
ese algo que nos esperaba para unir nuestro amor,
porque de ese amor brotaron los más hermosos seres,
porque ellas se tornaron en nuestras metas de vida,
de esa vida llena de lucha y esperanzas,
pero que estaba llena de amor entre tú y yo,
por eso hoy ni de la soledad me acuerdo,
todo en mi vida se llenó de amor y alegrías,
pero también de luchas desesperantes y de tristezas,
pero que fueron parte de nuestras vidas,
vidas que en este Mundo nos dejaron vivir con amor,
nada fácil y dificultoso sino lleno de realidades,
ese mundo que nos abrió sus puertas en su vivir,
ese mundo dónde nuestro amor lucharía por vivir,
vivir con esperanza y amor hasta la muerte.

Compartir   4-12-18

Mi Nicaragua la tierra que me vio nacer,
paraíso de mi niñez y juventud,
en tu Managua, tu Catedral me dio sus Bendiciones,
hoy que el tiempo y la distancia ha pasado,
es hoy cuando revivo mis recuerdos,
los que me dieron la vida maravillosa que he vivido,
aquellos días en que en tus playas de Corinto me divirtieron,
hoy que revivo tan hermosos momentos,
hoy quiero compartirlos con los que más he amado,
hoy sí, con esos seres maravillosos que Dios me dio, mis hijos y mi nietecita,
hoy quiero compartir con ellos tanto el amor como el sufrimiento,
sí, hoy el que he vivido y mucho de la felicidad que ellos me dan,
hoy sé que mi vida fue una maravilla a pesar de lo malo,
por eso hoy quiero compartir mi amor con ellos,
porque ellos han sido mi principal razón de mi vivir,
hoy les relato aquellos momentos hermosos con mis Padres,
aquellos que a su lado viví en mi niñez y juventud en mi país,
hoy es mi esperanza diaria de revivir con ellos mis alegrías,
hoy espero todo lo bueno y lo malo que a mi vida llegue,
porque desde niña me enseñaron a darle gracias a Dios,
sí, por la maravillosa vida que Dios me dio,
hoy, si he de partir sé que voy muy agradecida a Dios,
hoy sólo espero que mi felicidad vivida se torne en mis hijos y mi nietecita,
porque quiero compartirles el amor y la felicidad que recibí.

Déjame compartir el amor 4-13-18

Me dices que comparta contigo mis pensamientos,
y claro, porque compartir el amor es vivir en él,
ya que tú como las azucenas adornan la vida,
tú que con tu belleza se hace comparable con las Camelias,
tú que con tus miradas adornas el amor que quiero conquistar,
¿Cómo poder conquistar a tan hermosa Nicaragüense?
¿Cómo conquistarle sus pensamientos para llenarlos de amor?
Sólo puede ser compartiendo el amor sublime como una flor,
por eso te invito a tararear una hermosa melodía,
esa melodía que te inspira a amar,
esa melodía que como las lilys del valle te llenan de inspiración,
porque con ella podemos bailar y sentir la gloria del amor,
porque sólo el amor como las flores da esa gloria del amor,
tú me has inspirado a soñar despierto entre flores,
porque tú eres como ellas, llena de belleza y perfumes,
tú me inspiras a sentirme como un tiburón,
como un tiburón de agua dulce dispuesto a comerme tu amor,
ya que me haces sentir en los lagos de Nicaragua,
déjame llenar mi corazón de amor,
y así compartir el amor a tu lado.

Con la tormenta   07-22-18

Bajo la tormenta camino hacia ti,
los truenos y rayos no amedrentan mi caminar,
sí, porque sé que al llegar a ti la tormenta se despejará,
y en tu alegría como tu amor hará disiparse las tormentas,
tu amor es tan pleno, tan brillante y ardiente cómo sólo tú eres,
por eso me enfrento a esta tormenta y a las que la vida me depare,
porque es por tu amor que lucharé por tenerte en la felicidad,
sí, es mi meta, porque sé que la gloria del amor está en ti,
cómo no he de luchar por tan grandiosa mujer,
mujer que en su alma está grabada la sabiduría,
ese saber que a la vida venimos para amarnos,
amarnos y no sufrir la crueldad humana,
sí ya sé que el camino está lleno de tormentas y relámpagos,
pero sé que tengo que soportarlos para llegar a ti,
a tí que la vida me ha planteado como lo mejor de la vida,
de esa vida que estará llena de luchas pero con felicidad,
porque la felicidad es el soportar hasta los quebrantos de la vida misma,
porque la realidad es como el final de una tormenta,
saber que cuando se disipa la tormenta la lucha continúa,
saber que no es uno dueño del mundo para ser feliz,
es saber que la vida al lado de una mujer como tú,
la maravilla de vivir se complementa,
sí, para llegar amándonos hasta la eternidad.

¿La depresión?   07-29-18

Siembra tu corazón de sueños nuevamente,
ahora que has vuelto a la vida,
piensa primero en vivir y no en la depresión,
intenta reencontrar a quien tanto has amado,
sí, a quien te llenó de tantas ilusiones,
sí, quizás falsas o verdaderas pero que aún están ahí,
sí, llénala de nuevas palabras, de ilusiones, de amor,
tu vida no se truncó, la vida te la extendieron,
ama, disfruta, vívela, vuelve a tu mundo,
la muerte no te pudo alcanzar,
ahora vive, siembra, deja que la cosecha te engrandezca,
enamórate nuevamente de tan hermosa vida,
tú te llenaste de grandes alegrías, ilusiones, amores,
amores que fueron el producto del gran amor por ella.
bien sabes que en la tristeza y la depresión, la muerte volverá,
sí, volverá lo que tanto temiste "La muerte"
escapa, huye, tienes enfrente de ti un gran mundo de amor,
te enamoraste de ese ser divino que te dio 5 amores,
vuelve a ella, ella te está esperando con su amor,
deja tus malos pensamientos, no te hagas más daño,
daño que les puedes dar a ellas,
deja tu depresión y vívela, vive tan grandiosa vida.

Tu amor incomparable   07-29-18

Desperté y ahí estabas tú,
de mis penumbras brillaste tú con tu amor,
hoy la luz la veo con tanto esplendor por ti,
sufrí mucho en esta fase de mi vida,
pensé que todo se había esfumado para mí,
pero en medio de todo, estabas tú con tu belleza,
cómo no pensar en engrandecer mi vida si en ella estás tú,
todas las flores se llenan de esplendor con tu belleza,
así será hoy mi vida al tenerte cerca de mí,
nada me hará pensar en angustias estando tú,
las riquezas sé que no serán para mí, porque la mayor eres tú,
que más puedo desear si en ti está el amor,
sí, en ti está la gloria de vivir,
sí, porque a tu lado no hay soledad ni penumbras,
mi camino hoy está más claro que nunca,
todas mis ambiciones las podré cumplir con tu amor,
no puedo ya mencionar tristeza o dolor,
porque tú eres la mayor de las riquezas para mí,
toda mi vida poder dedicarla a amarte a ti,
amor es hoy mí mayor esperanza de vida,
tú eres mi camino, tú eres mi ser amado,
tú eres quien adornará mi vida con tu amor.

Desapareciste   08-20-18

¿Dónde estás? ¿Dónde encontrarte?
Sí, a ti, que supiste llegar a mi alma con tu amor,
ya no puedo continuar extrañando tu belleza,
tú que supiste abrir el verdadero amor,
ya no quiero seguir viviendo en esta angustia,
he recorrido todos los lugares donde a tu lado fuimos,
a esos momentos que de amor llenaste mi alma,
cada lugar se llenó de música con tus palabras de amor,
¿Cómo vivir en este camino hoy tan solitario para mí?
Hoy no puedo pensar en nada más que en ti,
te amé desde el momento que te conocí,
te convertiste en mi historia de amor,
de ese amor único, imposible de perder,
hoy el mundo está vacío para mí,
sin ti todo es soledad y mi corazón roto está,
sin ti, nada lleva alegría para mí,
hoy si sé que sin ti nada, nada tiene valor,
hoy mis recuerdos están llenos de ti,
tus caricias y palabras de amor llenaron mi vida,
por eso hoy me digo que nunca fuiste una aventura,
hoy le juro al mundo y al cielo que sólo a ti amé,
hoy quisiera volar por el espacio hasta encontrarte.

El amor de mi vida

09-06-18

Se cruzan por mi mente tus escenas de amor,
¿Cómo no pensar en tu amor?
Cuando impregnaste mi vida de amor sueños e ilusiones,
¿Cómo despreciar tu encanto que paralizó mi vivir?,
el amor brotó de tus labios y me introdujo en tus pensamientos,
saber que nuestros caminos se empataron,
que nunca más vagaré por el mundo,
porque hoy mi mundo es tu amor,
el que ahora guía mis pasos,
que a la luz de la luna me bañas con tus besos,
haces de mí el ser más dichoso con tu amor,
la magia de tu encanto inspiró mi amor por ti,
hoy sé que a través de los años nuestro amor,
se ha vuelto nuestra historia de amor,
hoy que tantos días y noches de amor compartimos nos marcaron,
sí, porque nos hemos amado tanto que el tiempo se ha esfumado,
que ni cuenta nos hemos dado de él,
la gracia de tu amor me ha hecho verte siempre igual de hermosa,
quiero perpetuar nuestro amor porque tú también lo deseas,
valoremos nuestras vidas juntos hasta nuestro final,
que siempre, siempre estará lleno de imágenes de amor,
de ese amor que se vuelve eterno por su intensidad.

Pasado y presente de mi vivir   09-16-18

¿Cómo caminar por el pasado?
Si estuvo lleno de dolor y tragedias,
sí, hubo pocos momentos de felicidad,
momentos como el haberte conocido,
sí, porque fuiste el amor de mi vida,
un ser lleno de belleza y encanto,
pero tu interior estaba lleno de dolor y confusión,
eso sembró en mí dolor, dudas e intrigas,
siempre me pregunto ¿Por qué te encontré?
Tú para mí fuiste el gran amor de mi vida,
pero yo para ti sentí ser siempre tu verdugo,
cuando me llenaba de grandes deseos de amor,
tú los congelabas con tu silencio y desamor,
todo era tan intrigante, porque yo te seguía amando,
y aunque tenía tu entrega física no tenía la de tu amor,
todo, todo parecía una tortura para ti,
sin embargo no dejabas de atraerme,
sí, porque sabías cuánto te amaba,
¿Cómo descifrarte? Si en mi mente eras el gran amor,
en el horizonte del mar descifro cada día mi vivir,
y por eso digo que está lleno de dolor,
y sí, aún sigo buscando respuestas a tu silencio,
porque sigo amándote con toda mi alma.

Mi mundo 10-5-18

En la claridad de tus sentimientos he encontrado el amor,
ese amor tan inexplicable pero tan anhelado por mí,
en ti el amor es lo más idealizado de mi vivir,
tu imagen la veo reflejada en la luz de la luna y en las nubes,
sé que amarte no tendrá fin ya que será eterno el amor en ti,
no encuentro comparación por lo especial en ti,
está lleno de ilusiones, pasión y vida,
tu encanto no tiene comparación, tú eres única,
en ti está todo lo deseado por mí en mi vivir,
sé que nunca dejarás mi mundo, quizás porque tú eres mi mundo,
quizás no sepa amarte como tú lo haces,
pero mi vida y alma están dedicadas a ti,
mis sueños se llenan de tus imágenes,
hoy sí no sé cómo agradecer el haberte conocido,
porque podré viajar por todo el mundo,
pero sólo tú llenaste mi alma y mi ser de amor,
¿Cómo explicarlo? Si hay todo un mundo,
un mundo lleno de seres maravillosos,
pero sólo tú impactaste mi vida,
sólo tú impactaste mi vivir,
sólo tú has iluminado mi vida con tu amor,
tu belleza es única, única e incomparable,
a la vida le pido me deje amar a tan grandiosa mujer.

¿Tiempo?   10-8-18

Le pido al tiempo que vuelvas porque mi corazón está atado a ti,
ahora para mí ya es imposible vivir sin tu amor,
me he preguntado millones de veces ¿Por qué te perdí?
¿Cómo pude ser tan ciego de no ver tu grandiosidad?
Hoy que he comprendido la gran joya que eres,
hoy me siento destrozado y el tiempo me está acabando,
los ruidos que oigo pasar me confunden,
nada es ya claro para mí, todo es tristeza y horror,
porque el tiempo me está acabando,
y nada ni nadie puede ya revertir mi vida, sólo tú,
las horas y el silencio sin ti son mi pesadilla,
siempre pensé que no era yo el ser elegido para ti,
pero era porque no te comprendía,
no comprendía el gran valor que tenía tu corazón,
hoy que veo el brillo de tu rostro en tu imagen,
hoy veo realmente quien eras,
eras ese ser que habías venido a engrandecerme,
porque la vida a tu lado la pasaría llena de amor,
me creía el ser más privilegiado
pero hoy nada puedo decir ante tu partida,
te fuiste por mi desamor e indiferencia,
pero no entendí hasta tu partida que yo era ese ser para ti,
cruel es ya el tiempo porque se ha vuelto mi tumba.

¿Un nuevo país?   10-18-18

La incertidumbre hoy agobia mi vida,
al ver como en el país hay tantos muertos, secuestros, robos,
al ver a tanta gente que sale con sus lágrimas,
gente que grita ¡Basta, Basta de tanta maldad y corrupción!,
ver que los Gobernantes se escudan en su ineficiencia,
porque dicen que no tienen los recursos,
que no tienen la fuerza para combatir el delito,
pero también ver que a los delincuentes no se les condena,
sí, que no se les condena por falta de pruebas,
pero ahora como siempre ver a los nuevos Candidatos,
gente que hace las mismas promesas de los viejos Gobernantes,
y es esa la incertidumbre que hoy nos agobia a todos,
porque sabemos cuál va a ser la realidad,
más corrupción o que empeore más,
más ineficiencia, maldad, muertes, secuestros,
y nuestra gente en busca constante de los suyos,
a esos que los han matado o secuestrado,
ya que el buscar a sus seres amados es su único consuelo,
esa gente que hoy llora por vivir en un país corrupto,
en un país donde realmente no existe la justicia,
sí, porque los Gobernantes dicen no tener los elementos necesarios,
entonces nuestro grito sigue siendo,
¿Hasta cuándo habrá justicia?
¿Hasta cuándo dejarán de prometer lo que no cumplirán?

¿Digno?   10-26-18

Con la claridad de la luna me pregunto,
¿Fui acaso un ser indigno en la vida?,
¿O fui un ser maligno para todos?
Traté y luché por ser un ser normal,
un ser que trataba de dignificarse ante todos,
pero los reproches y las malas situaciones económicas,
todo me ensombreció ante todos,
sí porque todos me reprochan mi vivir en el mundo,
traté de llenar de amor y riquezas a los míos,
pero nunca logré ver sus caras sonrientes,
siempre tristes y apesadumbradas,
y siempre me pregunto ¿En qué fallé?
El vivir y luchar en un mundo lleno de maldad y egoísmos,
defectos que traté de no llevar a mi hogar,
eso me hizo luchar con más esfuerzo,
pero hoy que la vida me sigue golpeando,
hoy veo que traje seres al mundo a sufrir y no a la felicidad,
sí, porque o no supe ser digno de ellos,
o el mundo me marcó para tener que luchar más duro,
con más esfuerzo para vencer la miseria,
por eso hoy lloro, lloro ante la luna,
porque ellas no me perdonan su infelicidad,
hoy solo lloro ante la luz de la luna en mi soledad.

¿Conocernos? 10-25-18

No es el hecho de conocernos,
ni tampoco el de vernos,
no es el hecho de conocer nuestras vidas,
es el hecho de vivir la vida en forma gemela,
es el hecho de coincidir en todas nuestras ideas,
es el hecho de comprender el porqué y por quién vivimos,
es el hecho de conocer quién nos creó y para qué,
sí Dios nos creó y somos y debemos de ser lo que El creó,
sí lo que El creó para que podamos ser ejemplo de vida,
el manatiar nuestras ideas nos hace esclavos de la ignorancia,
por eso tú y yo debemos de luchar por engrandecer nuestra cultura,
esa cultura del bien y no del mal, vivir hace de mí, amarte sin fin,
conforta mi alma y me induce a vivir en tu amor,
porque fuiste el ser más perfecto que a mi llegó,
que llego a empatar mi vida con tus ideas de la vida,
por eso hoy sé que amarte es realmente la gloria,
la gloria donde podremos amarnos y amar a Dios,
es tan grande tu belleza física y espiritual que el hecho de vivir juntos,
nos llevará al paraíso amándonos eternamente,
que seremos eternamente almas gemelas producto del amor.

¿Sin ti?   10-28-18

Es acaso tu tristeza,
la que empaña tu belleza,
sólo una mujer como tú con amor se realza,
¿Cómo poder llenar tu alma? Si en ti todo es tristeza,

los recuerdos de ti me entristecen,
estabas llena de vida, recuerdos que hoy te enaltecen
pero hoy con tu ausencia mis ánimos se entristecen,
hoy te busco en el cielo, la luna, la tierra pero todo se ennegrece,
y todas mis ilusiones de vida, con tu partida hoy fenecen,

¿Cómo vivir debajo de esta tormenta en que me dejaste?
¿Cómo soñar con el amor? si eras tú, y de mí te alejaste,
sí porque con tu amor vivía yo en la ilusión misma, ¿Por qué me abandonaste?
frases, frases que a tu corazón no llenaron y que quizás por eso me dejaste,
hoy yo no soy ya nada en tu vivir, porque amor por mí ya no lo sentiste,

el vivir amándote fue como lo mejor que de mí he expresado,
hoy sin ti la soledad y amargura de mi vivir es lo más pesado,
cantarte como lo más hermoso del mundo fue lo mejor por mi sentido,
porque fuiste la mujer más soñada que en mi vida tuvo sentido,
tu belleza y amor fue lo más hermoso de ti que sentí expresado,

porque en está soledad mi alma se ha estancado,
sí, en la desesperación y tristeza en que me has dejado,
¿Cómo vivir sin ti? cuándo tú eras lo que más amé de este mundo,
porque en el mundo nunca encontré un ser como tú que haya yo amado,
es mi vivir ya como en un sepulcro, nada me conforta en mi mundo.

Confusión 10-30-18

¿Cómo vencer mi ansiedad y desesperación en que vivo?
Si me enfrento todos los días a la miseria,
a las enfermedades ó a los grandes problemas,
problemas que vemos como son tanto crimen o tanto abuso,
abusos de las autoridades o por gente maldita,
abusos en lo económico, donde veo como nos roban,
sí nos roban en impuestos o en el comercio,
comercio donde describiría tantas infamias en el costo del vivir,
como los salarios con los que no puedes obtener casi nada,
las mentiras de los Gobernantes a quienes solo vemos enriquecerse,
o cuando vemos desgracias naturales y vemos que resalta la negligencia,
desgracias donde vemos tanta gente llorando a sus seres queridos,
seres que fueron asesinados, muertos en incendios, inundaciones,
cómo, cómo vivir con tranquilidad ante tanto terror en el mundo,
o ante tanta infamia, o en las Iglesias donde se supone encontrar paz,
porque no es posible ver las infamias de los ministros eclesiásticos,
acudimos a Dios para fortificar nuestras almas y solo vemos maldad,
a veces solo encerrarme en la música me inspira o me tranquiliza,
¿Quién en esta vida actuará bajo los canones de Dios?
si todos se sienten los dueños del mundo para destrozar nuestras vidas,
a diario vemos burlas sobre nuestras vidas de miseria,
cuando lo único que deseamos es vivir con dignidad y paz,
difícil es realmente y por eso, vemos tanta gente en la depresión,
depresión que muchas veces los orilla a cometer grandes errores,
por eso orar a Dios se vuelve muchas veces el mejor camino de la vida.

Con tu música   11-12-18

Vibran tus manos y haces vibrar nuestros corazones,
porque con tus manos entonas dulces melodías,
melodías que en tu piano elevan nuestros sentimientos,
eres un ser tan maravillosa que sabe llegar a nuestras almas,
sí, a el alma con tus manos en el piano,
melodías que inspiran a soñar y amar,
porque nos llevas al paraíso de la música ideal,
música de esos creadores de grandes obras musicales,
música tan perfecta que parece inspirada por el cielo,
que nada es imposible de pensar al querer soñar en el amor,
que la casualidad no ha sido el encontrar tan maravillosa pianista,
porque en tí está la dulzura y la sabiduría para tocar tu música,
música tan maravillosa que nos hace inspirarnos en el amor,
llenas nuestras mentes de esos recuerdos imborrables,
porque con la música nos llenamos de amor y vivencias,
por eso con tus manos esculpes nuestros sentimientos al amor,
revives en nuestros corazones amor, esperanzas e ilusiones,
todo, todo lo maravilloso que vivimos y que es tu música la que lo revive,
cómo no exaltar tu maravilloso don para la música,
en tu música hay perfección y profesionalismo,
con tu música desaparece la tristeza,
la vanidad la soberbia y lo malo del vivir,
tu sabiduría es maravillosa porque en tu mente está cada melodía,
entonas nuestros pensamientos a lo celestial
por eso las horas con tu música no se sienten pasar, todo es grandioso.

¿Amor u odio?   11-8-18

Déjame llorar en mi soledad,
la falta de tu amor hacia mí me destruye,
y ya no sé cómo recuperar mi vida,
en mi vida ya no hay paz ni amor,
todo en mí se ha vuelto una tragedia,
tu indiferencia desgarró mi vida,
luché tanto por llegar a ser el amor de tu vida,
pero parece que todo en mí te hizo odiarme,
¿Cómo vivir en una vida llena de dolores?
¿Cómo, si lo que más he amado en mi vida me odia?
¿Cómo encontrar ese camino que me lleve a tu amor?
¿Cómo si en tus ojos solo veo rencor hacia mí?
Esos ojos que tanto me cautivaron con su dulzura,
ese rostro que me hizo enamorarme profundamente,
ese rostro lleno de luz e ilusiones que desbordaba tanta belleza,
pero sin embargo hoy no encuentro respuestas,
¿Por qué me entregaste tu amor si parecías odiarme?
Ese odio que poco a poco fuiste demostrándome,
hoy vivir a tu lado es como una pesadilla,
porque no oigo de tu voz amor por mí,
solo tu rencor que hoy me hace desear morir,
morir, porque hoy sé que nunca me amaste ni me amarás,
es el hoy lo incierto de mi vida porque vivo en la soledad.

A Ayden   11-13-18

A ti mi pequeño Ayden,
mi grandioso Bisnieto que has venido a nuestras vidas,
tarde sí, para mí, pero has venido a enseñarme a amarte,
porque tu bondad y tus sonrisas a tan pequeña edad que has llegado,
me has enseñado a ver de cuánto me perdí desde mis hijas,
porque por cumplir con mis obligaciones no las vi como hoy te veo a ti,
un ser que empieza a vivir y que necesita de tantos cuidados,
un ser que hay que enseñar a caminar y a vivir en nuestro mundo,
has venido a llenar mi vida de amor de hijo o Bisnieto,
porque con tu alegría o tu llanto llenas mi vida,
una vida que para mí está llegando al final,
mientras que para ti es el inicio de tu vida,
ese inicio en que debemos de llenar de cuidados,
y de enseñanzas, de atenciones y de amor,
por eso hoy también me veo reflejado en ti,
para que puedas vivir mejor tu vida con nuestra ayuda,
que yo pueda ser una enseñanza de vida para ti,
es hoy mi ruego a Dios para que te proteja y seas feliz,
feliz por el resto de tu vida a la que espero ayudar,
porque sé muy bien lo difícil que es esta vida,
pero que cuando se llena de amor, cuidados y enseñanzas se vive mejor.

¿Buscar?   11-14-18

Buscar por los senderos de la vida ese sueño de amor,
es buscar entre escombros y tragedias,
es tratar de cambiar la vida de uno de tragedias, por ese sueño,
dónde encontrarlo si todo es tan difícil,
pero es el sueño de todos porque siempre hay esperanzas,
por lo que avivamos nuestra búsqueda con la ayuda de música,
música que ayude un poco el dolor por el que atravesamos,
ese dolor de vivir en un mundo de miseria y tragedias,
por lo que todos nos inspiramos en nuestros sueños,
y luchamos toda nuestra vida en esa búsqueda del sueño de amor,
la ayuda de Dios nos llena de esperanzas y de valor,
porque para eso hemos nacido, a cumplir nuestros sueños,
no sueños de riqueza o poder, sino de una vida realizada,
de esa vida llena de amor, bondad, dulzura y caridad,
caridad por nosotros ante un mundo de maldades,
un mundo controlado por seres infames,
seres que no saben de amor y caridad,
porque si se practica la gente puede vivir en armonía,
y no dentro de pobreza, guerras o dentro de la maldad,
por eso encontrar nuestros sueños de amor y vida,
es y debe ser nuestras metas de vida.

¿Quién si no tú?   11-13-18

Quiero amarte con toda la pasión e imaginación,
porque es tanto mi amor por ti que sé que no tendrá fin,
aunque aún me pregunto qué me inclina a ti,
¿Tu belleza, tu misteriosa forma de ser, tu figura?
¿Qué es lo que tanto veo en ti como la mujer más hermosa?
¿Qué es oh Dios que me ha hecho enamorarme de ella?
En medio de tanta tortura que la vida nos depara,
¿Será acaso su ternura? ¿Esa que me incita a vivir en el amor?,
nada puedo describir de la maravilla que como mujer es,
siempre acompañada por las más altas virtudes como mujer,
virtudes que sólo ella me demuestra con su manera de ser,
es tan intenso mi amor por ella que realmente no la puedo describir,
sí, sé que en ella habrá tanto amor y pasión como en nadie,
sí, te amo como a nadie que se haya cruzado por mi camino,
porque cuando tú lo hiciste brillaron las estrellas,
tanto es tu esplendor que todo a tu alrededor se obscurece,
tu energía, tus sentimientos, el esplendor de tu alma,
todo, todo es indescriptible para mí,
¿Cómo no enamorarme de tan maravillosa mujer que eres?,
tus encantos físicos y morales son enormes,
por eso he de amarte hasta la eternidad.

Como un árbol de aguacate 11-17-18

Dejaste mi vida tan vacía como una semilla de aguacate,
me quitaste mi cubierta y te llevaste mi riqueza contigo,
pero lo que no viste, fue que mi alma quedó como esa semilla,
esa semilla dispuesta a engendrar más riqueza al igual que yo,
porque así como crece un árbol de aguacate de su semilla,
así también siento mi corazón que puede renacer otra vez,
renacer ahora con más experiencia con tu partida,
hoy ya no quedaré tan vacío como esa semilla,
estoy ahora lleno de nuevas virtudes y amor tal como esa semilla,
hoy cifro mis esperanzas en una nueva vida,
al igual que esa semilla dispuesta a renacer,
porque estamos dispuestos a dar más vida,
más vida que la de nuestra ignorancia teníamos,
porque así como esa semilla de aguacate que era único,
así me encontraste, sólo e inexperto,
pero hoy, hoy me siento igual que esa semilla con la necesidad de ser regado,
porque cuando nos siembren deberán regarnos con amor,
con amor y no con egoísmos y soledad,
porque por eso sólo fue un aguacate de su árbol,
al igual que yo, único hijo de mis padres,
pero hoy dispuesto con mi experiencia a crecer y dar mucho, mucho más,
más como ese nuevo árbol que ha renacido de esa semilla.

¿Civilización?   11-19-18

El sentir cómo me persigue la tristeza o la miseria,
temas difíciles de los cuales no se puede huir,
porque vivir en un mundo que no avanza nada de civilización,
porque lo que parecía civilización, hoy no sé cómo interpretarla,
porque supuestamente iba a dar modernismo a nuestra cultura,
hoy se ve que en lugar de avanzar está retrocediendo,
se pensaba en que los sistemas mejorarían la vida humana y la terrestre,
hoy se ve que han sido para destruir a la gente,
porque en los últimos años vivimos entre guerras mundiales,
guerras que han matado a millones y destruido tanto, que la pregunta es:
¿Dónde está la civilización que supuestamente estábamos recibiendo?
Porque hoy huyen de sus países millones,
ya sea por guerras o por la miseria que les producen gobiernos corruptos,
o por la delincuencia e ignorancia en que viven,
por eso vemos la huida de la gente, y también por falta de empleos,
situación que provoca hambre y epidemias, pero no modernismo,
sólo podemos ver muy pocos países que su gente vive mediocremente,
su gente vive sí, pero entre grandes miserias,
todo porque el modernismo sólo ayuda a unos pocos,
triste es ver que la humanidad está regresando a lo incivilizado,
¿Cómo no pensar en miseria y tristeza?
si la hay por todo el mundo que vive en esa incivilización,
porque así es como está viviendo hoy la humanidad,
parece estar regresando al inicio de la humanidad "La época de las cavernas".

¿Nuevo Gobierno? 19-11-18

Viene un nuevo Gobierno Patria Mía,
un nuevo Gobierno repleto de promesas de campaña,
hoy que tu pueblo ha estado pidiendo el cambio eligiéndolos,
pero lo que ha demostrado el Gobierno electo es muy distinto,
hoy que vemos a los nuevos integrantes,
hoy vemos que son los mismos corruptos,
esos que te hicieron tanto daño Patria Mía,
hoy tu gente está aterrorizada,
porque hoy se ve que la mayoría de las promesas son falsas,
falsas porque siguen demostrando su falsedad,
tu pueblo, Patria mía está a la expectativa,
se asustaron al ver que difícilmente habrá cambios,
porque los Gobiernos han servido a grandes intereses,
esos que controlan el mundo,
que han sabido manipular al mundo calladamente,
¿Qué destino te espera Patria Mía?
¿Habrá realmente cambios en su forma de Gobernarte?
¿Habrá realmente entre ellos gente que de verdad gobernará para el pueblo?
¿Y qué no Gobernarán para los grandes intereses?
Mi esperanza como la de todo el pueblo es que sea de verdad,
porque si no seguirán destruyendo tu pueblo Patria Mía.

Tú, el ser perfecto   11-22-18

¿Cómo pensar que tú me amas?
Si escupes en la cara los defectos que en mí ves,
¿Cómo creer que tú te uniste a mí por amor?
Si yo para ti soy como un monstruo lleno de defectos,
sin embargo en mi mente y mi corazón tú lo eres todo,
para mí no hay ni encuentro defectos en ti,
por eso creo que el dicho "El amor es ciego" a mí me queda bien,
yo en ti veo un ser maravilloso por lo que te amo sobre todo,
y el sólo pensar lo que en mi cara me gritas me hace sufrir,
por eso me digo ¿Cómo cambiar mi persona si parece que tú me odias,
ya no sé cómo conquistarte, porque yo sin ti no sé vivir,
para mí tú lo eres todo en mi vida pero el ver tanto desprecio me atormenta,
quisiera decir, "Te quiero dar tu libertad"
pero sé perfectamente que ya no podría vivir sin tu presencia,
no encuentro caminos para descubrir lo que por mí tu sientes,
son tantas las dudas y la zozobra de cada día,
porque cada día los amaneceres son tristes para mí,
no encuentro ni siquiera ayuda en Dios,
tu frialdad y tus desprecios me confunden,
ya que no veo caminos para que tú me ames,
a Dios le pido que me marque el camino a seguir,
yo te amo y para mí tú eres el ser más perfecto en el mundo,
a quien amaré hasta la eternidad.

Un nuevo Gobernante   11-25-18

Nuevamente Patria Mía un nuevo "salvador ha llegado"
pero aún no vemos su forma de "Gobernar",
y ya estamos viendo promesas que no cumplirá,
como en el pasado que has tenido nuevos "Gobernantes",
y todos al igual que los anteriores, te siguen traicionando,
ya que se valen de un pueblo hambriento y en extrema pobreza,
ya que están hambrientos de comida, empleos, justicia y tantas cosas justas,
y que sexenio tras sexenio solo lo han hundido en más miseria e injusticias,
maldad que vemos en "Gobernadores ladrones y asesinos",
y vemos que la justicia nunca encuentra pruebas para consignarlos,
y vemos que la justicia no puede porque está impuesta por ellos mismos,
¿Cómo aceptar tanta maldad de tus "Gobernantes"?
¿Cómo? Fácil de explicar ante la miseria de tu pueblo,
porque por su hambre y miseria no logran una profesión,
por la misma ignorancia y miseria de tu pueblo, no logran empleos justos,
y lo único que encuentran es el camino a la delincuencia,
ya que las mismas injustas leyes que tus "Gobernantes" crean,
son las que a la gente en la miseria, les permite delinquir,
todos los días vemos como se violan las leyes,
y tus "Gobernantes" nada hacen para mejorarlas porque de ellas se protegen,
ya que sólo buscan traicionarte ante la falta de leyes y ministros justos,
ya que las leyes que han creado no son lo suficiente justas y honradas.

Mujer   11-27-18

El sentirse iluminado por la luz de la luna,
es sentirse en el camino de la esperanza y del amor,
es ver como brilla en la noche la belleza femenina de la mujer,
que está llena de grandeza y hermosura como las flores,
engarzadas como un collar de perlas son sus cualidades,
su sentido de la vida es una inspiración de la misma,
su misticismo parte de la Creación y existencia de Dios,
enamorarse de ellas es el mayor tesoro que nosotros podemos tener,
en ellas la Creación es la vida de la humanidad,
ellas con su amor y belleza nos doblegan al amor,
con su belleza nos inspiran grandes poemas románticos,
las flores como las rosas y gardenias que con su olor nos deleitan,
así mismo el aroma de las mujeres nos embelesa,
son más grandiosas que los diamantes, esmeraldas o cualquier piedra preciosa,
artífices de nuevos seres en sus vientres,
sólo perfección en sus almas y cuerpos encontramos,
son como Diosas que conservan el vivir,
en ellas hay dulces melodías en sus voces,
ya que como ángeles esperan nuestro amor y respeto,
las mejores melodías han sido inspiradas y dedicadas a ellas,
porque en nuestras vidas son la principal fuente de nuestros sueños de amor,
son hermosura, encanto y sabiduría en nuestras vidas.

Poder amarte 11-27-18

Déjame perderme entre tus brazos,
que serán esas caricias las que me envolverán en tu amor,
conquistar tu amor es mi más grande ilusión,
eres para mí la mujer más especial y única,
amarte es hoy mi mayor cultura que debo aprender,
porque debo darte lo mejor de mí y de la vida,
quiero encausarte por el camino ideal,
verte sonreír será siempre mi destino,
porque al amarte será luchar por darte lo mejor,
porque si me amas no deberás tener dolor en tu vida,
porque la miseria y el desamor te provocarían demasiado dolor,
cada segundo de mi tiempo deberá ser dedicado a ti,
debo llenarte de paz, amor y dulzura,
porque eres y serás lo único por quien lucharé,
a nuestro vivir le debo tu felicidad,
una gran deuda que deberé pagar con amor,
fueron tus ojos los que me ilusionaron,
y ahora nada distrae mis pensamientos de ti,
sé que el amarte debe tener dedicación,
que debo amarte como lo más hermoso de mi existencia,
y ya no podré pensar más que sólo en ti.

Morelia   12-4-18

Morelia, ciudad hermosa de Edificios de Cantera rosa,
entre ellos nací, en el mejor día de mi vida,
día de las Madres, Madres grandiosas de todo el mundo,
en tus Iglesias escuché las mejores oraciones,
oraciones que aún sigo elevando para alabar y acercarme a Dios,
tu Catedral enorme, Edificio de Cantera rosa,
lleno de pinturas, murales, ventanales y grandes recintos,
esos ventanales que por sus dibujos el sol se filtra,
y que a la vez origina que los colores reflejen sus bellas formas,
y así dejarnos ver la maravilla de sus colores y su arte,
sus altares, donde se realizan los grandes sueños,
como esos matrimonios, primeras comuniones, misas,
y que decir de tu fuente Las Tarascas casi la puerta de tu acueducto,
formado por sus arcos de cantera rosa por la cual se transportaba el agua,
pura y limpia agua de las montañas que disfrutaba tu gente,
tu Bosque maravilla donde caminar, jugar, pasear es lo hermoso,
tu Conservatorio de las Rosas cuna de grandes músicos y cantantes,
como ese coro de los niños Cantores de Morelia,
tu plaza con su Kiosco donde nos regalaban la música tus Bandas musicales,
tus Palacios de Gobierno de Cantera tanto el Estatal como el Municipal,
tu grandiosa Universidad cuna de grandes profesionistas,
tus calles y avenidas por donde el caminar se vuelve romántico,
ya que hasta un callejón del romance tienes, con grandes poesías,
en los portales de tu centro encontrar los dulces, como el ate, las colaciones,
las cajetas, tus rompopes y tantos otros alimentos, tu cebadina, tus carnitas,
poder describirte es una gran labor por tan maravillosa Ciudad.

Déjame llegar a ti 12-17-18

Abre tu corazón y tu mente, escucha a mi corazón hablarte,
déjame llegar a ti para detallarte mis sentimientos,
déjame expresarte lo que en mí hay,
te relataré cada uno de mis enseñanzas que la vida me dio,
no trataré de impresionar con mis sentimientos ni de asombrarte,
porque a mí tu luz me deslumbró totalmente,
porque vi en ti tanta sabiduría y moralidad,
tanto que me has dejado con demasiada admiración,
porque en ti es como ver un ángel de amor,
un ángel lleno de sabiduría y ternura,
quiero escucharte hoy y no en el futuro,
tus cualidades son enormes y tan seductoras,
permíteme olvidar mi vida pasada,
yo quiero comenzar a vivir en tu vida,
porque veo cuánta grandeza y encanto hay en tu corazón,
permíteme aprender a vivir en tu mundo,
ese mundo lleno de amor, dulzura, sabiduría, en que vives,
cómo no desear envolverme en tus pensamientos,
si estás llena de grandes ideas sobre el amor y la vida,
en tus manos se forman las mejores esculturas de tu pensar,
déjame, déjame acercarme a tan gran mujer que eres tú,
yo deseo ser parte de esa grandiosidad que eres tú,
no me dejes hundirme en este mar de sufrimientos en que vivo,
rescátame, dame la oportunidad de revivir en tu paraíso.

A tu lado   12-6-18

Caminando por esos valles te busco,
porque en mí la idea de encontrarte es por tu gran bondad,
para mí es el deseo de encontrar la fórmula del buen vivir,
vivir siempre en la dirección y normas de Dios,
es para mí también la búsqueda del valor,
sí, porque para vivir en nuestro mundo se necesita mucho valor,
el seguir llorando en mi vida debo detenerlo,
porque estamos rodeados de toda clase tragedias,
y a tu lado sé que mi vida cambiará,
podré ver los amaneceres y atardeceres con alegría,
sí, porque sé que en ti encontré lo más bello de esta vida,
esa vida que sabemos que está cargada de grandes sufrimientos,
y yo deseo ser tu mejor exponencia por mi forma de vivir,
ya que en mi soledad no tuve incentivos para superarme,
pero contigo encontraré el deseo de escalar grandes metas,
porque con tu ternura sabes ilusionar y alentar,
en ti no se ven martirios ni dolores,
yo veo en ti la mejor forma de compartir nuestras vidas,
y me veo con tu música enalteciendo nuestras vidas,
porque para todo sabes escoger lo perfecto,
en el arte y la música aunque yo no soy perfecto,
sí, quiero arribar a tu vida porque eres parte del cielo.

Sensibilidad   12-7-18

Tocar lo más sensible de mis pensamientos,
es abrir el archivero de mi vida de cada ocasión vivida triste, trágica o alegre,
por eso al abrirlo revivo mis recuerdos vividos tristes o alegres,
esos que con música vienen a mi mente conforme a los problemas,
o a los malos recuerdos, por eso me digo cierra lo triste y lo trágico,
vive tus mejores recuerdos los más grandes,
pero a veces resaltan los malos cuando veo niños en desgracia,
porque en mí brotan los recuerdos de mi pequeña infancia,
recuerdos donde parecía no haber cariño o alegrías,
sólo sufrimientos los cuales se repitieron hasta mi adolescencia,
por eso en muchas ocasiones me refugio en la música,
en esas melodías que me devuelven a mi mundo actual o a mi pasado hermoso,
quien dude de mi tristeza o felicidad,
será porque no comprenden la realidad en que vivimos,
en un mundo cruel o pacífico pero que en la mayoría es crueldad,
son demasiadas malas noticias para no sentirlas,
mi mundo como el de millones tiene de todo,
querer hablar de amor, paz, alegría es iluso pensarlo,
escribir sobre la vida diría no es rencor o dolor,
es ver siempre esa realidad en que vivimos todos,
es investigar todo lo bueno y lo malo para comparar nuestro vivir.

Una fuente　　　　　　　　　　12-18-18

Hoy que en mi caminar te conocí me siento asombrado,
y es que encontrarte en estos caminos de la vida ha sido la gloria conocerte,
porque eres toda una fuente de inspiración,
en ti se reflejan todo tipo de ilusiones y deseos,
es como encontrar la fuente de la riqueza en medio del desierto,
ya que todo lo soñado en una mujer está en ti,
hoy que has sembrado en mi corazón toda clase de ilusiones,
hoy me he propuesto encontrar la forma de realizarlas,
porque tu forma de ser increíble,
me ha impulsado a amarte con todas mis fuerzas,
ilusionar nuestras vidas en el camino de la dicha del amor,
ya que nunca encontré alguien con esa inspiración que tú me das,
ya todo es y será también mi vida dedicada a ti,
porque nadie lo podrá engrandecer como lo has hecho tú,
mi vida triste y solitaria, hoy a tu lado se ha llenado de ilusiones,
un mundo lleno de esperanzas y nuevos rumbos me esperan ahora,
porque al conquistar tu amor he fincado la tranquilidad de mi vivir,
hoy sí tuve sueños de vivir en un mundo diferente, hoy tú lo has hecho,
hoy para mí ya no hay retorno a la vida triste y solitaria,
hoy has venido a mi vida a abrir nuevos senderos,
y todos iluminados y llenos de deseos que tú has abierto en mí.

En tus ojos

12-16-18

En la profundidad de tus ojos te encontré a ti,
a la real mujer que en ti guardas,
la maravilla de ser que hay dentro de ti,
tu sinceridad brota de tu mirada,
y en ella se encuentra la gran felicidad de tu amor,
al cielo invoco por llegar a ser lo que tú eres para mí,
hoy en ti he descubierto la hermosa mujer que eres,
esa mujer que hoy veo como un sol en mi vida,
porque tu mirada iluminará mi vivir,
lo sé por tu gran valor y ternura,
porque es ahí donde veo en esos tus ojos tu grandeza,
no hay dudas en ti, todo es real y sincero,
lo que me hace sólo pensar en ti,
desear vivir toda una vida a tu lado,
es también llenar mi corazón de realidades,
porque tú eres una sola mujer y nadie se compara a ti,
tú para mi eres el ser único a elegir, por no tener comparación,
es llenar mí mente de romanticismo y grandes melodías de amor,
pero es hoy cuando veo la realidad,
Cómo lograr que tú voltes hacia mí,
para así empezar el amor más intenso e inigualable.

Nicaragua   12-18-18

Mi gran y hermoso País,
con tus hermosas tierras y lagos,
cuna de nuestra gran inspiración,
lugar donde nacieron grandes seres,
como tus Poetas Rubén Darío, Alfonso Cortez, Salomon de la Selva,
tus pueblos León, Granada, Masalla, Corinto, Managua,
hoy mis pensamientos se llenan de angustia,
porque hoy nuevamente corre por tus tierras la sangre de mis hermanos,
de esa tu gente que te ama y te ha venerado,
que ha sufrido tantas desgracias naturales,
muertes por los malos Gobernantes,
pero hoy que se derrama la sangre de tus héroes,
de esos seres que sólo claman justicia y buenos Gobernantes,
vemos que todo el mundo se ciega ante tu desgracia,
ante la muerte de tus hijos que te quieren engrandecer,
¡Oh Nicaragua! ¿A quién podremos invocar?
Invocar para que se realice el País justo y soberano,
pero que también esté lleno de paz y Justicia,
así como de buenas fuentes de trabajo,
Nicaragua, mi tierra te invoco por Paz y armonía,
y a Dios y el mundo por su ayuda,
por una Nicaragua grandiosa.

Coro Celestial   12-16-18

Elevo mi sentir al infinito,
cuando las aves cantan yo las escucho siempre,
como Angeles que inspiran mi vida,
con su canto se forman tantos paisajes en mi mente,
por lo que también me siento volar al infinito,
y en él encontrar los seres más grandiosos,
a ellos y que con sus voces han creado la gloria de Dios,
porque de este mundo de pesares han volado hacia Dios,
para unirse al coro Celestial y así escucharles,
ya que a nosotros nos han dejado un extenso legado,
llenando nuestros sentimientos con sus hermosas melodías,
porque en la penumbra de nuestras vidas se iluminan con sus voces,
yo siempre me siento a escucharles con sus melodías,
porque con ellas me brotan toda clase de recuerdos,
por lo que revivo cada ilusión y deseo así como mis más grandes amores,
el camino a la Gloria está lleno de voces inimaginables,
porque cada alma que ha partido se unen a esos coros,
los mejores siempre vivirán en nuestros corazones,
por eso esas almas que tanto amo y amé seguirán en mi corazón,
porque muchos de mis amores hoy son parte de ese grupo,
de ese coro Celestial que nos hacen pensar en ellas.

Desprecio 12-19-18

Lloro ante tu soberbia y tu desprecio por mí,
ya que tanto te he amado que hoy no te entiendo,
mi vida sacrifiqué por lograr tu amor,
pero tu constante frialdad e indiferencia me encerró en este dolor,
mi vida hoy no tiene color ni esperanzas,
hoy no puedo encontrar mi camino,
todo me indica que sólo el camino de la soledad es para mí,
buscar el porqué te uniste a mí sin amarme es mi calvario,
porque desde que mi pasión por ti se acabó,
he comprendido que tú no me amas,
la vida tiene tantos momentos inolvidables,
pero tú con tu frialdad todo lo encubres,
por eso no encuentro un camino ante tu falso amor,
se revuelve mi mente en un marasmo de ingratitud tuya,
ésa de la que nunca podré entenderte,
porque caminar por tu mundo es caminar entre espinas,
y que al vivir a tu lado has clavado tantas espinas en mí,
que hoy me siento tener un cuerpo lleno de espinas,
y hoy me pregunto qué encontraste mal en mi para parecer odiarme,
o es que me engañaste para casarte conmigo,
y así tener la vida que tú deseabas,
pero que era el de esclavizarme a tu reino,
pero por supuesto sin ninguna clase de amor.

Soledad y ceguera 12-20-18

Ascender por los escalones del cielo es mi sueño,
como no desearlo cuando en el mundo se sufre tanto,
qué sujeto está uno a grandes enfermedades,
y que por más que te cuides te atacan por igual,
pero lo peor es vivir en el silencio,
en ése en el que nada llega a ti por tu manera de ser,
ahí donde no sabes el porqué de tus desgracias,
porque para saber tienes que estudiar tu mundo,
el saber dónde vives y qué es lo que te rodea,
no puedo culpar a nadie de mis desgracias si vivo rodeado de ellas,
por eso busco yo mismo la explicación,
porque el vivir en lugares difíciles en nada ayuda,
por más que me esfuerce por obtener mejores ingresos,
debo crecer y buscar otros lugares con mejor nivel de vida,
y dejar de sentirme en la soledad y así no envolver a nadie en ella,
porque si yo encuentro un mejor lugar mis ambiciones crecerán,
podré rezar, estudiar, trabajar y crear lo mejor para los míos,
no hundirme en la ceguera de no ver otros lugares,
lugares que estén llenos de amor, trabajo y felicidad,
el mundo lo formamos nosotros con nuestra inteligencia.

Mis grandes amores   12-20-18

Cuánto dolor han dejado en mí quienes más amé,
cómo aceptar que me equivoqué con ellas,
que yo en lugar de guiarlas y ayudarlas me equivoqué,
porque tratando de cambiarles su vivir lo hice mal,
hoy que los años han pasado, sus reproches son muy dolorosos,
hoy no encuentro forma de expresarles mi lucha por ellas,
ellas que siempre fueron mi principal motivo de vivir,
a ellas que quise apoyarlas en todo lo que esperaban ser,
hoy me niego a creer que fallé,
que les fallé en sus sueños de lograr una vida ejemplar,
el haber perdido a una de ellas sin su perdón es mi mayor dolor,
porque quise librarla de esa cadena con la que se ató,
quise hablarle de ejemplos pero no supe hacerlo,
hoy que partió para el cielo mi mayor dolor es ella por no haberme perdonado,
por eso hoy quiero invertir mi vida, por las que aún me acompañan,
por ellas que espero lograr su perdón antes de yo partir,
yo ya no vivo con ilusiones, hoy vivo en extenso dolor,
son 3 a quienes les he fallado y dos que aún no sé,
dolor y llanto es hoy mi vivir por quienes amé tanto,
hoy elevo mis plegarias al cielo para ver si soy perdonado,
son muchos los dolores físicos pero duelen más los de ellas,
perdón imploro por no haber sabido ser un buen padre.

Destacar en la vida 12-20-18

Ante la pobreza hay que seguir luchando por vencerla,
el elevar el nivel de educación y preparación deben ser las metas,
que es lo que ayudará a salir de la ignorancia y la miseria,
y así salir de la miseria y realizar tus metas,
para de esa forma generar bienestar a quienes de ti dependen,
tu talento te ayudará a vencer cualquier obstáculo,
porque en la vida rodeados estamos de maldad aunque también de bondad,
pero lo principal es no dejarse vencer por la maldad,
buscar disciplina y el empeño a tus metas,
desprenderte de lo que te estorba,
ampliar tu capacidad profesional,
renacer en tus habilidades que te permitan avanzar,
nunca dejar la lucha por engrandecer nuestras vidas,
al lado de quien nos ame será el mayor soporte,
pero tampoco cegarse en imposibles, la vida nunca será fácil,
triunfar en nuestros sueños debe ser el principal deseo,
sin defraudar a nadie, ni a nosotros mismos,
luchar, luchar es lo más grande que podemos hacer,
fijarnos nuestros límites y esfuerzos por triunfar,
nada se dice es imposible, pero no siempre es,
el tiempo nos demostrará qué tan talentosos fuimos,
o qué tan débil y fracasados fuimos.

Destino 12-21-18

Quisiera encontrar las llaves de mi destino,
para conocer qué es lo que a mí vendrá en el futuro,
porque al comenzar cada día sin saber qué es lo que habrá,
se vuelve la mayor incógnita a descubrir cada día,
y cuando los problemas vienen a mí son mi mayor dolor,
porque al no saber lo que vendrá todo se me confunde y duele,
el no saber si habrá amor por mí más me inquieta,
o el no saber qué desgracia nos puede tocar,
o qué puede llegar a nosotros para remediar nuestras miserias,
porque ricos somos en sentimientos y bondad,
pero cuando no tenemos con qué resolver nuestros problemas, doblega,
en cada día siempre busco el amanecer soleado,
porque el no saber si tormentas nos atacarán me aterra,
por eso quisiera encontrar las llaves de mi destino,
pero lo difícil de la vida y nuestro destino es tener que luchar,
luchar por una vida sin problemas,
nada fácil es vivir sin recursos,
menos si no tenemos medicinas para nuestras enfermedades,
¿Cómo? Cómo encontrar cada llave que nos libere de cada mal,
que nos dejen vivir en paz y armonía,
sin incertidumbres ni dudas,
por eso al iniciar cada uno de mis días a Dios me encomiendo.

Te fuiste

12-21-18

Una noche más de luna llena en todo su esplendor,
una noche que hoy es para alegrías y para recordar esas noches,
noches de luna que fueron esplendorosas a tu lado,
que hoy mi llanto es enorme tú ya no estás más,
tú que llenaste nuestras vidas de alegrías,
tú que nos sembraste la esperanza de verte realizada,
tú que nos llenaste de ideas maravillosas con tu profesión,
tú que con tus juegos nos entretenías tanto,
tantas ilusiones que nos forjamos a tu lado,
hoy cada día que pasa los recuerdos giran en mi mente,
tu nacimiento, tu niñez, tu adolescencia, tu juventud,
todo, todo me lleva a ti, pero lo único que veo es mi llanto por ti,
llanto, porque a donde tú has partido sé que nunca volverás,
cómo librar mi mente de tanto dolor,
porque sé que nunca me resignaré haberte perdido,
hoy quisiera irme a tu lado, pero sé también que no es tiempo aún,
pero el recordar cada momento de tu sufrimiento me entristece,
pero a la vez sé que con tu partida tu sufrimiento se acabó,
pero nosotros nos hundimos en esta gran desdicha,
sólo puedo orar porque encuentres paz para tu alma.

Sin ti

12-22-18

Como un cáncer sentí tu partida,
porque como el cáncer la tristeza me está acabando,
sé que para el cáncer hay todavía esperanzas de salvación,
pero de ti nada, nada me aliviará, solo mi destrucción hay,
cómo podré aliviar este dolor tan intenso en que me dejaste,
todo era tan hermoso a tu lado,
todo tenía un porque amarnos intensamente,
cómo podré ahora vivir sin ti,
con el cáncer tenemos cirugías, quimioterapias,
pero a mí nada me alivia sin ti,
fuiste lo más intenso del amor y el deseo,
contigo viví momentos inimaginables de amor,
la vida era sólo contigo y sólo por ti,
caminar por la orilla del mar nos embelesó,
y por cada caminata al amor nos entregábamos por tu gran belleza,
lo pienso una y otra vez, ¿Qué fue, qué fue lo que te alejó de mí?
Hoy sé que al soñar contigo en mis sueños tu vienes a mí,
pero con tu partida la realidad es otra, tú no estás y el dolor es grande,
que hoy ni orando encuentro paz,
¿Qué me pasará sin ti, porque con cáncer se puede morir,
pero sin ti nada pasa y sigo en esta soledad,
soledad en la que imagino a mi lado estás,
pero sólo la tristeza es lo que encuentro.

Vero y la música   12-23-18

Cómo no han de brotar mis recuerdos o sueños con las notas musicales,
como al brincar de nota en nota brincan mis pensamientos,
de alegrías, sueños, tristeza o dolor,
por eso ante mí hago sonar cualquier melodía,
que me transportará al pasado o a mis recuerdos,
cada nota es un aliciente enorme para mi mente,
también mi forma de llorar u olvidar,
subo y bajo del cielo y los recuerdos brotan en cascada,
como pensar en quien tanto amé que vivo recordándola,
el recordar cómo se hundió en su soledad,
en ese estado de depresión y tristeza,
cómo no pensar en ella, que aunque la ayudamos,
la perdimos producto de esa soledad,
hoy no es la música la que me devuelve la paz,
es hoy las melodías las que me llevan a esos días alegres con ella,
por eso puedo escuchar porque ahí la veo y la oigo,
en aquellas sonrisas o alegrías, pero encerrada en su hogar,
pensar que la distancia y el tiempo no era nuestro,
no era, porque también teníamos nuestras vidas que cumplir,
pero hoy que ya no está es hoy el llanto y la tristeza en la que vivimos,
ya no hay caminos que nos lleven a ella sólo en nuestros recuerdos,
sólo en nuestras mentes y corazón está.

México   12-23-18

México mi tierra soñada, que en tus tierras nací,
hoy que en mi vejez estoy tan lejos de ti,
hoy me lleno de tristeza por tanto que te amo,
yo que viví en todas las formas en tus tierras,
yo que tuve tantas satisfacciones en ellas,
como el haberte jurado lealtad y honestidad hasta la muerte,
ya que por tus calles sentí la gran emoción de desfilar,
desfilar en mi niñez y en mi juventud como Cadete,
Cadete de tu Heroica Escuela Naval Militar,
en tantas gloriosas ceremonias que me hicieron amarte más,
pero la dureza de la vida por tus Gobernantes,
me hicieron traicionarte huyendo de tus tierras,
hoy te veo en mi lejanía y hoy no sé cómo volver,
porque donde estoy se han clavado las raíces de mi familia,
hoy grito en mí, México, México te sigo amando,
yo sé que ya no te pertenezco,
pero al no encontrar forma de retornar a ti,
ese es mi calvario porque yo sé que hoy no hay retorno a ti,
sólo escuchar y ver a lo lejos a los que te siguen amando,
esos que siguen peleando por un México libre y soberano,
tal como tu Constitución lo demanda.

A sus dulces miradas 12-23-18

No nos cansaremos de dar todo de nuestra parte por ustedes,
porque veo que no me equivoqué al ver tu mirada,
sigues hoy en tu niñez por lo que debemos seguir apoyándolas,
hoy sé que debemos seguir dándote todo lo que podamos,
porque aún a tus casi 10 años viéndonos,
viéndonos con esa ternura y cariño que de nosotros esperan,
y ahora que son dos las que esperan darles nuestro apoyo,
sé que poco es lo que les daremos pero lo haremos con mucho cariño,
pero como sus Abuelos nuestro amor está con ustedes,
hoy que con tu hermanita también esperan por nuestra ayuda,
te puedo decir que no, no se equivocaron de mundo,
en él estamos para darles mucho amor, cuidado y ternura,
y ahora a ti y a tu pequeña hermanita les seguiremos dando nuestro amor,
el mundo no es lo que lo que todos deseamos,
pero el rodearlas de nuestro amor y cuidado es nuestro deber,
no descansaremos por darles lo que sus vidas necesiten,
nuestras enseñanzas se las seguiremos dando,
nuestras vidas están para ayudarles,
sus miradas no deben de estar llenas de incertidumbre o tristeza,
en lo que podamos les proporcionaremos lo mejor,
a ustedes les seguiremos dando nuestro amor.

Soñar   12-23-18

Quise hacer de mi vida un sueño inimaginable,
ese sueño que al despertar se volviese una oportunidad de vivirlo,
porque la realidad de la vida, difícil es sobrellevarla,
y en mis sueños todo lo puedo imaginar idealizado,
poder despertar sin amarguras e irrealidades,
porque en mi sueño sólo dicha debo tener,
pero la realidad es triste porque en la vida real los sueños, sueños son,
pero el querer hacer de nuestras vidas lo que soñamos,
eso debe ser para nosotros nuestra meta,
llenar nuestras vidas como si fueran flores hermosas y melodías,
todo lo que podamos construir para vivir como en un sueño,
evitar las tragedias, las miserias, todo lo malo del vivir,
siempre buscar donde la vida sea realizable,
despertar cada mañana con el resplandor del sol al igual que nosotros,
o protegidos de tormentas,
en todo debemos luchar por realizar nuestros sueños,
que cada ocaso del sol nuestras vidas se vayan realizando,
no tener que llegar a llorar por nuestra maldad e inutilidad,
porque solo en la maldad los sueños se vuelven pesadillas,
unir nuestros corazones en nuestros sueños,
esos que aunque esclavicen dan alegrías y vida.

Eva   12-23-18

Te amo con todo mi ser ¿Lo crees? Ojalá,
porque 50 años de amarte a mi manera fue mi vivir,
sé que no soy ni fui lo que yo quise ser para ti,
mi ignorancia y mi miseria te dañaron,
y hoy justo es que no creas en el gran amor que te tengo,
quise ser el mejor hombre para ti,
pero siempre sentí que no lo era,
pero te amé, te amé como a nadie,
tú sí para mí fuiste la mujer ideal,
tanto que mis celos de perderte me hicieron dañarte más,
hoy a 50 años de vivir a tu lado para mí es grandioso,
en ti yo sí veo todo lo deseable para mi vivir,
tus cualidades son enormes, tu capacidad de amar ni se diga,
todo, todo en ti es incomparable,
quisiera componer los mejores pensamientos para demostrarte mi amor,
tú para mí fuiste la más bella poesía,
tus palabras fueron versos de amor,
cómo no compararte con un ángel si para mí eso has sido,
sé que convencerte es muy difícil,
pero compréndeme tú eres la mujer ideal,
he luchado durante estos 50 años contra todas las adversidades,
siempre con tu apoyo lo pude lograr,
me enfrenté a cuánta cirugía mortal tuve,
y fue el amor a ti lo más recóndito que tuve por ti,
vencer la muerte fue mi meta para seguirte amando.

Música y sueños   12-25-18

Seguir transportándome por la inmensidad de la imaginación,
sigue siendo la forma dónde mis sueños se pueden hacer realidad,
pero ese camino también puede estar lleno de dudas,
porque si no hay lucha por lograrlos todo se esfuma,
sólo la música y la fe puede ser mi camino como en mi pasado,
porque con ellas pude hacer anhelos fantasías, amor,
la interpretación de mis sueños fueron realizados por mí,
porque con la música que plasmó la imaginación,
ellos encontraron la forma de plasmar sus sueños,
por eso siento que es el mejor camino para la imaginación
porque no hay tristeza y sí grandes alegrías que motivarán,
motiva hacer reales mis sueños sin temores,
porque difícil es interpretarlos sin sentimientos,
igualar a ese alguien que compuso tan bellas melodías,
para que a mí me lleve a realizar mi vida y no dudar,
porque al oír su música revivo tantos sueños de mi pasado,
ése donde tuve grandes aventuras, grandes romances,
donde viajé por mar, aire y tierra y que realicé tantos sueños,
cómo no recordar el nerviosismo al viajar pero que hizo realizarme,
o la alegría de navegar en mares tormentosos,
alegría que en mi juventud me llenó de emociones,
las que me hicieron enfrentar la vida y realizarme,
porque lo aprendí al enfrentar mares tormentosos,
y que no fue la muerte la que me aterraba,
sino no saber realizar mis sueños con el deber que tenía,
hoy me lleno de más sueños con la música,
para renacer mis pensamientos,
todo lo deseado para vivirlo, para saber disfrutar la vida

Bajo la tormenta

12-25-18

Te veo sentada en medio de la tormenta,
en la espera del tren que esperas que te lleve a mí,
porque tú y yo nos amamos tanto,
tanto que ninguna tormenta o distancia nos separa,
la dulzura de tus palabras o tus acciones de amor a mí,
todo, todo me hace amarte con toda mi fuerza,
y la esperanza de que ese tren en que viajarás nos una,
esa esperanza es mi impulso a esperarte,
esperarte para recibir tu gran amor,
porque al insistir que ya nada nos separará,
es decir que el camino a mí está hecho para unirnos,
y nuestro amor vencerá cualquier obstáculo por los dos,
cuando me dices que esperas ese tren en medio de la tormenta,
sé muy bien que lo haces porque me amas,
y yo te espero como si estuviese ciego,
porque sólo las vías del tren a lo lejos veo,
mi corazón late esperando ese tren en que vendrás,
y podré cantar al llegar ese tren,
porque sé que vienes a entregarme tu gran amor,
y podremos comenzar a amarnos por las llanuras,
por las montañas, por el mar, por donde sea,
porque nuestro amor no tiene límites,
conocerte fue lo más hermoso de mi vida,
hoy todo está dispuesto para comenzar nuestra vida amándonos,
vivir la vida como en un paraíso,
porque yo he de amarte hasta la eternidad.

Los senderos de la muerte   12-26-18

Caminar por los senderos de la muerte es hoy mi destino,
pensar llegar al valle de la muerte es aterrador,
repugnante porque nuestro cuerpo se pudrirá,
y lo que tanto cuidamos se destruirá,
por eso es temeroso llegar a ese valle de la muerte,
hoy que las enfermedades me hacen caminar por esos senderos,
sé que tengo que limpiar mi alma de mis pecados,
porque después del valle de la muerte mi juicio comenzará,
y si antes no me he arrepentido de ellos, sé que hoy debo hacerlo,
ya que mis miedos se acrecientan por mis pecados,
pero también porque he de enfrentarme a lo desconocido,
ya que nadie ha regresado de ese valle para contarnos que hay,
y a que habremos de enfrentarnos,
ya no importará cuánto estaremos sufriendo en esos senderos,
ya que nadie nos podrá escuchar,
porque sólo nosotros somos los que caminaremos por ellos,
nadie podrá acompañarnos, ni ayudarnos,
ya que se nos ha marcado caminar por esos senderos,
y ni el sufrimiento de nuestras enfermedades nos salvará,
ni con lágrimas en los ojos nos podremos detener,
ya con esto hemos sido marcados para nuestro final,
nada ni nadie puede ya salvarnos de llegar a ese final,
la muerte está al final de este sendero que hemos comenzado.

Tu amor

12-26-18

Me entregaste tu amor bajo el esplendor de la luna,
hiciste marearme con la intensidad de tu amor,
hoy soy tuyo, nada puedo desear más que el amarte,
bajo toda circunstancia está la pureza de tu ser,
amarte sin egoísmos ni dudas será el esplendor de mi vida,
la dulzura que a mi alma das me enternece,
sé que nada ni nadie se puede comparar a ti,
el amor ha brotado en nosotros sin límites,
sin miedos y con toda clase de esperanzas,
porque tus entregas de amor son tan intensas como maravillosas,
cómo no rogar a Dios que bendiga nuestro amor,
tú eres un ser especial como nadie,
mi vida tiene hoy el mayor sentido de ser,
porque en ti encontré el paraíso del amor,
las olas del mar, el viento, el aroma del campo todo te rodea,
todo para amarnos sin medida ni locura,
la vida juntos ya es nuestra,
nada podrá atemorizarnos en nuestro vivir,
porque viviremos amándonos cada día con ilusión,
con la ilusión de que nada, nada nos sacrifique,
tú y sólo tú eres la mujer más esplendorosa de mi mundo,
perdóname pero ahora yo soy tu esclavo,
viviré amándote sin temores,
viviré en eterna alegría con tu amor.

Mi frialdad 12-27-18

Déjame sufrir en mi dolor que me gané,
tu odio me gané por mi dureza a ti,
hoy ya no podemos regresar para que me ames,
ya no hay dudas, debo pagar por todo,
por todo el daño que te hice,
te desprecié, te humillé, te usé,
justo es que hoy me tires de tu vida,
tú me entregaste siempre un amor puro,
y yo en mi egoísmo no me importó despreciarte,
por eso hoy comprendo tu frialdad,
frialdad que yo te demostré siempre,
que tú por más que sacrificaste tu vida por mí,
yo ni en cuenta te tomaba,
hoy sé que partirás de mi vida,
cansada de tanta frialdad y desprecios míos,
cansada de desearme, de buscar mi amor y yo ignorándote,
hoy sé que pagaré muy caro lo que te hice,
porque ante todo tus sacrificios a mí no me importaron,
y hoy que te vas, mi sufrimiento será hasta la muerte,
porque yo me lo gané día a día,
te ignoré por años sin importarme nada,
sin ver cuán grandiosa eras,
y hoy nada te detiene ya,
porque a la muerte te llevé.

Los años pasados   12-27-18

En cada nota del piano vienes a mi mente,
ya el tiempo ha pasado y olvidarte nunca podré,
te conocí en los mejores tiempos de mi vida,
toda, toda clase de dulces recuerdos brotan en mí,
cómo no desear regresar a tan bellos días,
mi vida se tornó agria y solitaria sin ti,
nuestros paseos fueron llenos de amor,
recordar cada instante ahora es llorar,
porque ya nada volverá a revivirse,
te fuiste y ya nunca podré volver a verte,
pensar en cada día, cada año que pasamos juntos es tan hermoso,
pero a la vez tan triste porque no hay nada ya,
mi vida estuvo tan alumbrada con tu presencia,
que hoy sólo oscuridad existe para mí,
en medio de mi soledad y tristeza hoy quisiera ir a ti,
yo sé que eso será pronto, mi vida está acabando,
los dolores y las enfermedades me están ayudando,
hoy al escuchar nuestras melodías me transporto a ti,
fue tan hermoso vivir contigo que hoy como digo, todo es amargura,
el ver en mi mente los años tan hermosos a tu lado,
cómo, cómo fue que todo se esfumó,
dónde, dónde quedó nuestra felicidad,
hoy todo es tristeza, por eso sé que no retornarás a mí,
ya que debo ser yo quien irá a tu lado.

Pobres   12-27-18

Difícil es ver la pobreza sin sentirla,
ver a tantos sufrir y sin ningún remedio,
niños y mujeres, seres inocentes que sufren tanto,
cómo luchar por ellos si también nosotros pobres somos,
es para llorar el no poder ayudar a esa gente,
a quién exigirle que vean por ellos, si todos se hacen los ciegos,
si políticos y ricos los ignoran,
tan fácil que es tan sólo darles trabajo,
nada de caridad, sólo empleos bien remunerados,
empleos que les permitan salir de su pobreza,
sé que no todos se pueden beneficiar,
porque los vicios, como el alcohol y las drogas dominan a muchos,
pero no a los niños y mujeres,
por eso son nuestras plegarias,
ayudar a los pobres que lo necesiten,
pero cómo realizarlo ante tanta corrupción,
ante tanto egoísmo e hipocresía de los que pueden hacerlo,
yo sé que también salí de la pobreza,
pero yo a Dios le doy las gracias por haberme abierto el camino,
por eso oro a Dios porque a esos pobres se les abra el camino,
el camino que a mí se me dio,
quiero mis palabras para abrir el corazón de gente que pueda ayudar,
ayudemos es mi oración,
oración a ricos, gobernantes y a quien pueda ayudar.

Tu niñez   12-30-18

Llena de juegos, juguetes, cuidados, alimentos y salud,
todo te lo dan para realizar tu vida,
tus padres te cuidan y te proveen de todo lo que necesites,
tu vida debe tornarse en felicidad,
tus días, tus tardes y noches son esplendorosas con tus padres,
sin enfermedades graves y con un futuro casi asegurado,
pero cuando tienes, nada más que miserias y abandono,
la vida de los niños se torna en tragedia y dolor,
nada acompaña su niñez con alegría,
todo se vuelve llanto y frustración,
crecen en medio de grandes sufrimientos,
su vida siempre amenazada los aterroriza el vivirla,
y crecen en ese medio que no saben si crecerán bien,
¡Ah! Pero cuando a pobres o ricos el cáncer los ataca,
todo se vuelve en lágrimas, tristeza y dolor para ellos y sus padres,
sus caritas llenas de tristeza y estupor que no los deja vivir bien,
sus sufrimientos son inconsolables para ellos y sus padres,
sus padres luchan diariamente con lágrimas en sus ojos,
todos los días rogando a Dios en espera de su alivio,
no hay juegos, ni vida de alegrías para ellos,
por eso se parte el alma y lloro con ellos,
porque aunque de cáncer sufrí yo me salvé,
pero el dolor para mí es el de ellos,
porque yo también rezo por ellos por su mejoría.

Con tu canto   12-30-18

Contento me dejas cada día con tu canto,
vida mía yo soy quien más te idolatra,
porque eres para mí la mejor mujer que me enamora,
yo no puedo sentir pesar por ti,
porque tú estás engarzada en tu mundo de belleza,
sólo oír tu risa y tu voz alegre deseo,
mira que la vida te forza a llorar, pero tú a amarte,
por eso cómo no pensar en un beso de tus labios,
si expresas tanto amor en tu canto,
y el saber que en mí depositaste tu fe,
es mi luz la que ha regresado a mí por ti,
tu mirar sereno y profundo paraliza mi pensar,
porque ahora sí siento que tú me amas,
que debo encontrar un lugar hermoso donde vivir a tu lado,
ese es mi principal deseo porque tú lo engrandecerás,
con tu amor no habrá tormentas ni tragedias en nuestro vivir,
con tu amor habrá placer por la seducción a ti,
en tu ser sólo hay palabras de amor y vida,
por eso amar un ser como tú lleno de energía será lo mejor,
ya no puedo esperar a que el mundo me lo permita,
tuyo soy para siempre amándote.

Mi fascinación 1-2-19

Brillan las estrellas en mi fascinación,
por tus grandes sentimientos al amor,
bailo por el mundo contigo ante tanta ilusión,
transportas a nuestras vidas la fascinación del mundo,
porque viajar por el mundo a tu lado es fascinante,
cada lugar llena mi mente de recuerdos a tu lado,
el mar, las montañas todo es esplendoroso de tu mano,
sé que nuestros viajes pronto terminarán por nuestra vejez,
pero el instante vivido en cada lugar contigo se volvió inolvidable,
y ahora es eterno en mi mente porque es ahora mi vida,
pensar en lo bello que fue pasear de tu mano por el mundo,
las notas musicales nos llevaron a cantar y bailar,
en cada lugar que estuvimos gozamos de nuestro amor,
en lo más profundo de mis recuerdos está todo,
todo lo fascinante que a tu lado he vivido,
nada me ilusiona tanto como estar a tu lado viajando,
amándonos como siempre lo hemos hecho,
juntos por el mundo, siempre de la mano,
sin siquiera pensar en que pudiese llegar nuestro final.

Forjar nuestro amor   1-2-19

Hey espera, espera, ya voy,
mi tren se descompuso y estoy corriendo,
corriendo a repararlo para viajar hacia ti,
el camino a ti va a ser muy largo,
pero por tu amor corro porque mi amor por ti me lo pide,
y he de llegar a ti sin importar las inclemencias,
pronto he de llegar y construiremos nuestro mundo,
ese mundo que estará lleno de flores y bellezas,
con olorosas fragancias que nos motiven a seguir juntos,
a seguir por la ruta al paraíso que nuestro amor forjará,
amarte ha sido la más hermosa de mis experiencias,
nunca, nunca podré dejar de llenar mi amor de ti,
porque vivir en la tristeza y la soledad fue mi vida,
por eso voy a ti porque mi tren es el de la esperanza,
cierro mis ojos y sueño en todo lo que te amaré,
no hay espacio en el cual pueda desperdiciar estando tú,
porque tú eres el ser a quien más amaré,
por eso me urge llegar a ti para recibir tu ayuda,
porque mi vida está llena de ilusiones por ti,
quiero ceder a tus encantos que están llenos de enseñanzas,
sé que a tu lado no habrá nada que nos atemorice,
tú y yo podremos vencer todo amándonos.

Tu manto
1-2-19

Tu manto divino es capaz de cubrirnos de cualquier maldad,
con él podremos cubrirnos para guiar nuestras vidas,
porque vivir sin la guía divina es destrozarnos,
día a día suceden tantos crímenes y delitos,
por lo que vivimos aterrorizados y lo hacemos todos,
y siempre estamos buscando el lugar perfecto para vivir,
vivir como seres humanos no como bestias,
porque ni los animales temen por sus vidas como nosotros,
porque saben buscar refugios sanos donde vivir,
mientras que muchos de nosotros viven a costa de los demás,
y claro al no ceder a sus demandas nos matan,
o como siempre la extorsión hasta de nuestros propios gobernantes,
cómo no desear vivir bajo un manto divino,
ése que nos cubra de tormentas, tragedias y males,
por eso yo siento en ti haber descubierto un ser celestial,
ese ser que todos buscamos en nuestras vidas,
ese ser que nos evite el dolor y el sufrimiento,
porque pareces ángel del cielo para ayudarnos a vivir,
porque no es fácil vivir en este mundo cruel,
siempre hemos de buscar la ayuda celestial,
porque sin ella la muerte nos acecha más fácilmente.

Madre mía   1-3-19

¿Madre dónde estás? ¿Dónde podre encontrarte?,
hoy mi vida está llena de lágrimas,
tú me diste la vida, y yo hoy sufro por tu ausencia,
¡Madre, ven a mí!, ven a desbordar tus enseñanzas en mí,
tú desde mi niñez me las diste para aprender a vivir,
hoy tú eres la única que puede sacarme de este pozo,
de este pozo en que he caído por mi ignorancia,
escucha mis ruegos madre mía, solo en ti confío,
no me dejes seguir en este llanto,
tú me enseñaste mis primeros pasos,
pero hoy mis pasos son falsos y temo mi muerte,
¡Te necesito Madre mía! tu orientación fue siempre mi salvación,
no me dejes caer en el abismo de la soledad,
en ti siempre encontré el refugio de tu amor y tus palabras
palabras siempre sabias para dirigirme a enfrentar la vida,
¡Créeme Madre mía! yo necesito de ti mucho más ahora,
son muchos los fracasos y tristezas de mi vida,
yo siempre encontré en tus brazos mi refugio,
ayúdame que no deseo perder la vida por mis culpas,
tú puedes aún enseñarme ese camino de alegrías,
tú puedes aún darme la mejor orientación,
¡Ayúdame Madre mía! que hoy mi vida está más sola que nunca.

Te necesito

1-3-19

Ven alimenta mi alma con tu amor,
lléname de caricias como sólo tú sabes dármelas,
con ese amor que pocos seres saben dar,
ese amor lleno de pasión, comprensión, caridad,
tantos temores que tu amor sabe diluir,
porque tu vida no está llena de odios,
ni tampoco de fracasos o tristezas,
tu amor es ejemplar, sólo tú sabes comprenderme,
porque en el fondo, yo soy un ser temeroso,
un ser lleno de miedos encubiertos,
un ser tan necesitado de ti porque sólo tú me das esperanza,
contigo puedo acercarme a Dios para implorar perdón,
perdón por mis maldades cobardías y pecados,
déjame tomarte de la mano para recibir tu energía,
ésa que sólo tú para mí sabes darme,
contigo hay toda clase de estímulos para vivir,
de formas para vivir la vida con ilusiones,
mis ansiedades sólo tú las sabes controlar,
tú sabes lo que nuestras almas necesitan,
ven, ven acompáñame a vivir en paz y con amor.

Las campanas   1-3-19

Las campanas suenan nuevamente,
están llamando de nuevo ante tanta falsedad,
porque el pueblo sigue sumido en la pobreza,
y las campanas suenan sin que nadie las toque,
es el clamor de la Patria hundida en la miseria ante tanta maldad,
¿Cómo puede una Nación sobrevivir ante tanta ignominia?,
hoy que todas las campanas de todo el país suenan,
hoy llaman a su pueblo a despertar de su letargo,
de ése en que todos viven aterrorizados,
porque gobierno tras gobierno lo han venido destrozando,
siempre con su corrupción sus crímenes y robos,
la gente en su llorar escuchan las campanas sonar,
pero en su desgracia los hace pensar que nunca se acabará,
nunca habrá gobernantes honestos y que trabajen para su pueblo,
en cada amanecer florecen los robos millonarios y los crímenes,
sí, de esos gobernantes que se dicen salvadores de sus pueblos,
y es cuando más fuerte suenan las campanas,
porque ellas sí se dan cuenta de sus mentiras,
por eso suenan las campanas llamando al pueblo,
llamándolos para que luchen por salir de tanta pobreza y corrupción,
ya que los mismos que salen o se eligen para gobernar siguen en la corrupción,
ya que aunque parezca mentira,
las campanas suenan su llanto por nuestro pueblo.

Mi despertar

1-4-19

Despierto por las mañanas con los trinos de las aves,
el aroma de las flores y el brillo del amanecer,
mi despertar casi siempre es alentador,
porque mi vida pende del amor que recibo,
sí, de tan bella dulce y amorosa compañera,
por eso los trinos de las aves me impulsan hacia ella,
y aunque enfrente de mí o no, ella es el centro de mis encantos,
amanecer o anochecer a su lado es toda una sinfonía de amor,
desde que me ubico en sus pensamientos yo la amo,
en el fondo de mis pensamientos y recuerdos sólo está su rostro,
con esos ojos que cautivaron mi alma hasta lo más profundo de mí,
ella llena mi vida de paciencia ante el dolor,
me hace soñar cuando los dolores me aquejan,
ella me sabe amar y despide la negrura de mis pensamientos,
para llenarme de emotivas palabras de consuelo o amor,
en los atardeceres ella me hace escuchar el canto de las aves,
de esas que vuelan a sus nidos por el oscurecer,
en la misma forma que ella me guía,
para llegar al seno de nuestro descanso,
y a la vez cargar mi alma de nuevos pensamientos,
porque sabe adornar las noches con su amor,
y si luna o tormentas hay ella me doblega al sueño ideal.

Marino en el mar   1-3-19

Navegar como marino fue siempre mi sueño,
hoy que navego por esos mares calmados o tormentosos,
mi ser se llena de satisfacciones al realizarse mis sueños,
hoy puedo ver el horizonte cómo se iluminan,
ya sea en los atardeceres o amaneceres,
hoy guío mi nave en busca de grandes aventuras,
porque navegar escuchando el canto de las gaviotas es ideal,
así como también el ver y oír a los delfines nadando al compás de nosotros,
tanto esplendor que el mar nos da,
yo navego también en busca de conocer nuevas tierras,
conocer gente que como yo, viven alegres,
alegres porque realizamos nuestras metas,
el sonido de las sirenas o campanas de mi barco me encanta,
porque me hace disfrutar de la hermosura del mar,
yo no pierdo el rumbo porque las estrellas o el sol me guían,
en el mar navegar es como vivir realizando mi pasión,
porque mi vida la he fincado en ser un marino,
porque la vida es luchar contra las corrientes,
porque la vida no es fácil vivirla sin luchar,
al igual que los peces, tiburones o grandes animales marinos,
que viven de lo que les rodea para comer,
así mismo es como vivimos entre la gente defendiéndonos de todo.

Un río de amor

1-4-19

Hoy lloro por ti porque tu mirada y tu sonrisa,
son lo que me hacen creer en tus palabras,
tu rostro tan bello ha llenado mi mente,
hoy sólo pienso en tu belleza y por qué me enamoré de ti,
hoy sé que no debo rendirme, que debo luchar por convencerte,
para que puedas creer en mí cuánto hoy te amo,
el despuntar el alba de cada día lo lleno de esperanzas,
esperanzas de convencerte cuánta felicidad te podré ofrecer,
que hoy en mi vida deseo con tanto fervor amarte por siempre,
quizás tú tal vez creas en mí y no desees huir de mí,
en ti hay tanto que descubrir en esa mirada y tus sonrisas,
yo hoy anhelo escuchar de tus hermosos labios "Te amo",
y no escuchar un adiós para siempre,
porque hoy ya no hay felicidad para mí sin ti,
yo no puedo desear vivir lejos de ti, yo, lo único que deseo es a ti,
para que las noches y los días se nos llenen de amor,
que hoy un río de amor nos estará alimentando,
para que nunca nuestro amor se seque,
porque el fuego del olvido romperá nuestras vidas,
mi corazón ya nunca podrá esconderse,
hoy sólo el amarte hasta la eternidad es mí deseo.

Una golondrina   1-5-19

Hoy ha sido el más intrigante amanecer para mí,
al abrir mi balcón una golondrina me empezó a cantar,
y en sus trinos me halagó mi hermoso jardín,
me dijo que estaba tan hermoso y frondoso,
que ante mi obsesión de cultivar mis flores,
ella ha decidido anidar en una de mis camelias,
pero que ha notado que es tanto el cuidado de mi jardín,
que nunca me quejo de las espinas que me hieren,
y que eso es lo que a ella le ha hecho anidar ahí,
porque también ha notado que mi gran amor, "No me ama"
que ella nota y escucha cuántas espinas clavas en mi corazón,
que es tanto mi amor por ti que me ciega,
porque ella sabe que tú no me amas como yo a ti,
que sólo ve en ti indiferencia y repugnancia por mí,
que ella sabe que cuando amor hay es intenso y claro,
tan notable que hasta las golondrinas sé así lo sienten,
y que para ellas es la guía del amor verdadero,
el cual en ti no lo han notado por mí,
que en ti sólo hay hipocresía e interés,
y yo sólo le pregunte ¿Qué debo hacer?
Que si volar quieres a otros lares te deje ir,
que el amor verdadero vendrá a mí,
así como las golondrinas encontraron mí jardín esplendoroso,
porque las espinas que clavas en mí diariamente,
son más dolorosas que dejarte partir.

Temores infundados   1-7-19

Abro mi corazón y mis esperanzas con el nuevo día,
en la espera de poder brillar mi vida como el esplendor del amanecer,
pero la lluvia predomina y nada puedo lograr,
la lluvia nos hace escondernos a todos por la fuerza de la tormenta,
bajas son así mis ilusiones por salir a encontrar lo que espero,
y la tormenta no se disipa,
la fuerza de la lluvia nos atemoriza por lo que pasa,
y con ella mis ilusiones por los peligros,
esos peligros que representa la vida,
porque no es la lluvia la que atemoriza mi vivir,
sino la tormenta que representan vivir en un mundo hostil,
por eso mi amanecer se oscurece,
porque es el momento de ver y oír en que mundo vivimos,
porque cuando no se posen riquezas,
vivir en el mundo se origina la crueldad de la vida,
cómo enfrentar la vida si no es con valor,
porque sin él es como sepultarse así mismo,
por eso me levanto a enfrentar cualquier tormenta,
porqué sé que al final del camino está lo que busco,
vivir la vida lo mejor que se pueda lograr.

Abuela Mía   1-9-19

Pobre Abuela Mía,
tú que por las calles de Madrid paseaste como una Marquesa,
tú que formaste tu vida con el Conde Vicente Nicasio,
habiendo sido oficial de la Armada Española,
y él que llego a ser Capitán de la Guardia del Rey,
con el quien formaste una hermosa familia de 4 hijos,
y que por las adversidades que había en tu tierra partieron a Cuba,
ahí donde a través de varios años de felicidad la tragedia llegó a ustedes,
en la guerra de Independencia de Cuba de España y ayudados por los EEUU.
Bloquearon el puerto donde vivían por 3 meses,
hiriendo de muerte a Vicente,
y porque habiendo pertenecido a las hermanas de la Caridad,
fuiste voluntaria para ayudar a la gente en su situación de hambre y muerte,
cuidando a tus hijas y a Vicente, que poco a poco se te fue muriendo,
hasta que le pidió a su ayudante las llevara a Yucatán,
habiendo dejado ir a dos de tus hijos, tuvieron que escapar en una barquilla,
después de haber visto tanta miseria y muerte,
y con la muerte de Vicente empezaste a perder la memoria por tanta tragedia,
pero tú que con tus hijas a México llegaste y las tragedias no pararon,
una nueva Revolución te volvió a tocar y tu mente más se afectó,
tanto que a pesar de tanto sufrimiento aún seguías creando tus poesías,
y en tu pobreza por los portales de Morelia ibas declamando tus poesías,
y claro la gente decía pobre loca sin siquiera escuchar lo que decías,
sin saber que eras toda una víctima de la maldad humana,
¡Pobre Madre Mía!, a tus lamentos yo me uno a ti para consolarte.

¿Ser un profesionista?   1-8-19

Me propuse luchar por conseguir mis ideales,
lograr terminar la carrera profesional,
pero si en el primer intento te humillan tanto,
porque cuando quieres estudiar te golpean tanto,
o tratar de ser un profesional en la Universidad,
pero si no eres un buen estudiante, nunca lo lograrás,
porque también si tienes que trabajar para sostenerte, tampoco lo logras,
entonces cómo lograr una profesión,
si tienes que trabajar en las horas en que debes de estudiar,
cómo lograrlo cuando vez que estalla una huelga estudiantil sangrienta,
y que cuando regresas a estudiar te dicen que tienen que repetir el semestre,
y cuando ves que por más que lo intentas no resulta,
que por más que te esfuerzas no tienes el tiempo ni el dinero,
y cuando por fin logras comenzar tu vida laboral y matrimonial,
y es cuando te preguntas como destacar en la vida profesional,
para lograr tener las riquezas que me permitieran vivir bien,
y lograr tener buenos reconocimientos en mi trabajo,
pero cuando te ves envuelto en la corrupción de la empresa,
en que empezaste a trabajar,
cambias por no querer verte envuelto en esa corrupción,
y te vuelves a encontrar jefes corruptos,
y que logras grandes triunfos laborales,
presidiendo hasta Gerencias en empresas internacionales,
pero al final te das cuenta que a nadie satisficiste,
entonces. ¿Cómo sentirse realizado?

Mujeres hermosas   1-8-19

¿Cómo entender la belleza femenina?
Cuando te das cuenta de que vives en un mundo hipócrita,
porque ves que nos atacan a nosotros los hombres,
por nuestra pasión por las mujeres,
como cuando ves a tanta hermosura de mujeres,
pero que sabes que no puedes ni mirarlas,
porque tú te debes a una hermosa mujer,
pero que ves a tantas que no sabes a que se dedican,
porque su forma de arreglarse te hace dudar de ellas,
pero que ni con la mirada las puedes juzgar,
porque te tienes que proteger hasta de los malos pensamientos,
pero ver tanta belleza femenina por todos lados,
¿Cómo ignorarlas?
Fácil, enamórate y sé bien correspondido,
sí, de una hermosa y apasionada mujer por ti,
que llene todas tus fantasías y se convierta en el amor de tu vida,
y así no te darás cuenta si hay mujeres bellas o no,
todas las que voltees a ver tendrán la cara de quien tanto amas,
porque será realizar el sueño más grande de la vida,
amar, amar con toda intensidad a la mujer de tus sueños,
esa mujer dulce que con su aroma de mujer te envuelva,
que te llene del amor que tanto deseaste.

Nadie es como tú   1-8-19

Nadie me ha entregado su amor como tú lo has hecho,
nunca podré arrepentirme de haberte encontrado,
porque nadie me ha comprendido y amado como tú,
cómo no cantar de emoción, cuando recibo tu amor,
no, no es fácil enamorarse y de alguien como tú es inigualable,
porque como tú nadie podrá igualar tu forma de amarme,
ni tu forma de ser, yo le puedo decir al mundo de ti,
que todos sepan cómo has impactado mi corazón,
que como tú no hay igual, alguien tan especial en quien confiar,
que a tu lado nada es triste, todo es grandioso,
a nadie puedo comparar contigo, tú y sólo tú,
tú has sido quien ha demostrado amarme totalmente,
por eso vivo soñando en cada amanecer a tu lado,
tú me haces desear el vivir en cada amanecer,
porque la vida a tu lado es hermosa llena de expectativas,
yo a tu lado puedo comprender lo que es el vivir,
sí, vivir para un ser tan especial y amoroso como tú,
nunca podré arrepentirme de haber tenido la oportunidad de amarte,
de crear toda una vida como nadie me la dio,
en ti hay toda clase de amor y dicha para vivir.

Ofrecerte mi vida   1-8-19

Me propones compartir tu vida conmigo,
y yo me pregunto, ¿Qué habrás encontrado en mí?
Si yo no tengo nada que ofrecerte, sólo puedo ofrecerte mi vida,
que yo sólo experiencia en la vida tengo,
que sí, en mí estoy lleno de sueños,
que muchos se me han estrellado por mi ineptitud,
porque no se me hizo ser un ser super inteligente,
que sólo hoy me dejo llevar por mis habilidades,
esas que la experiencia me ha dado en mi vivir,
que no ha sido quizás la forma de vivir,
pero que desde niño llevo metas por cumplir,
pero que muchas de ellas fracasé por muchas razones,
pero que si tu fe es fuerte y sincera,
prometo amarte y realizar ahora mis metas con más empeño,
porqué tú has despertado en mí mis propósitos,
esos de los cuales fue el no desperdiciar mi vida,
porque contigo renacerá todo en mí por ti,
vivir un amor intenso lleno de lucha por nuestras vidas juntos,
porque a tu lado será el forjar un hogar,
hogar que nunca tuve y hoy te puedo decir sí,
sí te amo y te amaré por toda mi vida con mi fe en ti,
como tú la tienes en mí.

Tú y yo juntos   1-8-19

Tú que eres el centro de mis pensamientos,
contigo viajo por el mundo de la mano amándonos tanto,
tanto como en nuestra juventud,
la vida se tornó para mí tan bella contigo,
que hoy quisiera revivir a cada instante,
lo que comenzó mi vida a tu lado,
tan, tan hermoso que mi anhelo constante es,
el regresar nuestros corazones a lo que nos hizo amarnos,
a esos momentos de ternura, pasión y amor,
como no querer retornar nuestras vidas al pasado,
a este presente que nos hace sentir lo hermoso de amarnos,
que difícil es ahora olvidar cada día cada instante de nuestro amor,
es decir vida te lo debo todo por su amor,
también gritar gracias a la vida,
gritar que gracias a tu amor he sido tan dichoso,
porque no sé si habrá otros que se amen como nosotros,
yo le ruego a Dios que nos permita vivir juntos,
juntos hasta el final de nuestros días,
que las flores que adornen nuestras tumbas,
sea porque los dos partimos juntos hacia Dios.

Mis decisiones   1-12-19

Me encuentro en la peor encrucijada de mi vida,
porque a muchos de mis errores no les encuentro solución,
haber tomado decisiones absurdas por enojo son parte de mi inquietud,
porque en esos momentos no tuve conciencia de lo que hacía,
la furia que me cegó en varias ocasiones es hoy el fruto de mi presente,
de ese presente que hoy se llena de frustraciones,
porque la pobreza y las enfermedades me acosan,
¿El esperar que pudiese haber otros momentos de suerte?
Irónico es ahora pensar que eso pueda ocurrirme ahora,
el dolor es también por haber arrastrado a los míos a la pobreza,
¿Cómo lograr retornar a esas decisiones que hoy son mi pasado?
Porque el analizarlas es ver que estuve lleno de errores,
pero algo se salvó y poco a poco pude sobresalir,
si no en la pobreza extrema si en la mediocridad,
por eso el no tomar consejos o compartir los problemas,
es como ahora se ve que tome malas decisiones,
a lo desconocido me tuve que enfrentar varias ocasiones,
empleos mal remunerados pero que me fueron llenando de conocimientos,
esos que me permitieron conseguir mejores empleos,
y así pude desarrollar trabajos que nunca esperé poder hacerlo,
pero ahora que es tiempo de meditar mi vida,
es cuando veo cuánta frustración tuve en mí y en los míos.

La guía de Dios 1-12-19

Por los caminos difíciles viví,
siempre confiado que iba de la mano de Dios,
que a pesar de grandes tormentas en el mar o en tierra nada me pasó,
yo me sentía protegido por El,
por eso mi valor a enfrentar los malos tiempos,
porqué aún en los mejores tiempos yo sentía el brillo de su luz,
luz divina que nos guía por los mejores senderos,
esos en los que Él nos preserva la vida,
¿Cómo no enfrentar toda clase de retos?
Si se siente que las oraciones te ayudan,
que por más peligrosos o difíciles uno cumple sus misiones,
porque en mi vida también he sentido que tengo mis misiones,
difíciles serán de cumplir, pero bajo su manto todo se puede,
siempre guiado para tomar los mejores caminos,
por eso hoy no dudo al enfrentarme para cumplir todo,
a todo lo que yo pueda luchar y vencer,
porque la vida no es fácil, cada día es difícil vivirla,
por circunstancias que muchas las agravamos nosotros,
el ser valiente y decisivo ante las adversidades,
es el camino que he tomado bajo loa protección de Dios.

Tu mente ¿En qué está?   1-12-19

Sé que no me amas ni me amarás como yo a ti,
que posiblemente me equivoqué al enamorarte,
porque no vi si en realidad era amor o qué lo que sentías por mí,
tu hastío sobre mí me ha confundido siempre,
porque cuando al amor nos entregamos cambias totalmente,
al grado que me haces sentir que no soy yo a quien le das tu amor,
tu mirar se pierde en el infinito,
no importa dónde estemos si es paseando o en nuestro hogar,
a ti siempre te veo ausente aunque muy entregada a mí,
por eso tantas cosas no puedo entenderte,
¿Qué puedo hacer para descubrir lo que tú sientes por mí?
Deseo tanto el conocer el fondo de tus sentimientos,
quiero encontrar dónde tu mente viaja cuando conmigo estás,
eres tan fría en la mayor parte del tiempo,
que como digo parece que tú me odias más que amarme,
que en ti hay más odio que amor por mí,
déjame saber tus sentimientos por el amor a Dios,
saber en qué es tu mente en lo que vive,
no me dejes seguir en este infierno de dudas,
que yo te amo como a nadie en el mundo.

Cadetes de la Naval   1-12-19

Crecí y uno de mis mayores sueños se hizo realidad,
entrar al mundo de la milicia,
la Escuela Naval Militar se volvió mi hogar,
pero yo no sabía en realidad lo qué era,
mi vida se envolvió en una disciplina muy dura,
los conocimientos eran muy fuertes de comprender,
porqué aunado a la profesión de Ingeniería,
era también el adquirir la dureza de la crueldad,
porque tenía que aprender qué es lo que hace un marino en la guerra,
y ¡Oh! La realidad de la enseñanza fue cruel,
pero era aprender que el enemigo era eso, crueles,
que la defensa de su Patria como la nuestra va más allá de nuestras vidas,
que así teníamos que aprenderlo,
¡Oh!, Pero comenzamos a aprender a desfilar,
y en esas ceremonias el orgullo de portar el uniforme fue grandioso,
el desfilar por el mundo entero como Marinos Mexicanos, no tuvo nombre,
fueron maravillosas cada una de las ceremonias,
el desfilar por las calles o avenidas con el aplauso del Pueblo,
qué emoción tan fuerte se siente,
y más el servir y dar la vida por la Patria,
grandioso es defender a nuestro querido México.

¡Oh Madre Mía!   1-12-19

Tus recuerdos florecen en mi mente,
se adornan con las rosas y gardenias de tu gusto,
tus temores de ser olvidada fueron una quimera,
porque siempre estuvimos pendientes de ti,
tus ruegos por tenernos unidos fueron reales,
porque hoy que en la tristeza nos dejaste,
hoy sí siento tu partida de nosotros con mucho dolor,
hoy para mí es una desdicha y llena de llanto,
porqué tú Madre Mía, me dejaste en esta soledad,
tú que me diste la vida y que a tu lado me forjé,
que con tu canto nos deleitaste siempre nuestras vidas,
hoy siento tu partida como una tenebrosa tormenta,
de esas que la negrura de las nubes nos intimida,
hoy deseo volver a llorar como el día que partiste,
ya que no siento que las nubes de tormenta se aclaren,
porque es así como siento mis sentimientos por ti,
fueron tantos los años de vida maravillosa a tu lado,
que hoy en el recuerdo de tu partida,
hoy me pongo a rezar para que en la paz de Dios estés.

Soledad y melancolía   1-12-19

Mis pensamientos renacen como cada amanecer,
a veces sombríos, a veces llenos de luz,
pero en el mar que tanto paseamos te recuerdo,
hoy que conmigo ya no estás me entristece,
porque por las orillas del mar caminábamos y bailábamos,
hoy mis pensamientos se llenan de tus palabras,
hoy que las rosas blancas florecen, camino entre ellas,
declamando cuánto te amé y que hoy ya no estás junto a mí,
que en la soledad y la melancolía me quedé,
que mis lágrimas no te pudieron retener,
y aun acompañando mi vida con las mejores melodías al piano,
nada me conforta en esta soledad en que vivo,
no sabe el mundo que fue tu amor lo más grande de mi vida,
y que hoy nada se compara con la dicha de tenerte,
porque por más que camino buscándote no te encuentro,
ya que difícil ha sido comprender por qué me dejaste en este rincón,
ya que estos lares sólo me llenan de dolor,
porque hasta el canto de las aves me suena melancólico,
hoy sé que ya nada nos volverá a unir,
que ni el consuelo de saberlo, abre mi corazón para olvidarte.

Las tormentas   1-13-19

Hey espera, no te desesperes deja que la negrura de las nubes se disipe,
y pronto la calma restaurará la tranquilidad en nuestros corazones,
ya nada nos pondrá a temblar como los rayos de la tormenta,
démonos valor para que retorne a nosotros la paz,
que la lluvia es la base de la vida,
que nuestras penas no debemos compararlas con una tormenta,
que ella nos llene de recuerdos, alegrías y no de temores,
porque es una forma de preservarnos vivos,
que debemos saber protegernos y cuidarnos de una tormenta,
que sabemos los peligros que representa,
que por eso debemos pensar detenidamente dónde vivir,
porque hasta los Huracanes pueden matarnos,
la vida debe ser muy bien cuidada y saber lo qué hacemos,
que nuestro futuro siempre está en nuestras manos,
que no nos ciegue la ambición o la discordia,
que vivir bien es el pasaje más importante que tenemos,
la vida es una joya que Dios nos regaló,
desperdiciarla es peor que un rayo en las tormentas,
porque hasta los rayos ayudan a protegernos
vivir debe ser lo más productivo en nosotros.

Tu clamor   1-13-19

Lento, muy lento escucho tu clamor,
ese que llenas de amor en mi busca,
escucho cada palabra dulce que pronuncias,
y que cada una viaja por el aire para llegar a mí,
que recorren montañas, valles y colinas para que las escuche,
que es así el gran amor que profesas por mí,
que cada palabra tuya me hace pensar en tu esplendorosa belleza,
belleza de mujer tan inigualable y tentadora,
por lo que acelero mis pasos para llegar a ti,
el eco de tus palabras de amor suenan una y otra vez,
y yo ya no puedo esperar más en mi retorno a ti,
necesito volar a ti, sé que por tu amor, difícil es perderte,
pero eso no me quita la urgencia de llegar a abrazarte,
y revivir cada momento en que tú has deseado gozar de nuestro amor,
amor y pasión son los deseos que en mí pecho hay,
sé que hay muchos obstáculos que vencer,
por eso llevo conmigo ramos de rosas, gardenias y cuánta flor pueda,
porque tus aromas son como el de las flores,
impregnantes y excitantes para amarte,
¡Oh Diosa de mi amor! Ya mero llego a ti,
tenme un poco de paciencia que nos amaremos sin límites,
que mi vida es tuya para siempre.

¿Días que faltan?   1-13-19

Cuento los días que de mi vida faltan,
porque quisiera saber cuánto durare en esta vida,
esta vida que para mí ha estado llena de riquezas,
odios, amores, dolores, enfermedades y de grandes aventuras,
que siempre gocé de lo mejor en la vida,
pero también mucho dolor como cáncer,
también mucho rechazo de la gente,
mi color de piel no era como el de los demás,
por lo que no me aceptaban y hasta me humillaban,
que también me provocó muchas peleas e insultos,
¿Ah, pero las mujeres? ¡Oh cuánto me amaron!
Desde niño tuve las mejores amigas y muy bellas,
cómo no pensar en aquellas aventuras de mi niñez o adolescencia,
parecían ángeles, las más hermosas,
Martha, Maria, Teresa, Yolanda, entre otras hermosas,
cuánta felicidad y amargura se puede tener en la vida,
vida que hoy casi se me acaba, y me lleno de meditaciones,
meditaciones por cada momento alegre de mí vida,
porque los amargos no tuvieron cabida en mí,
trato de recordar los malos momentos pero no vienen a mí mente,
por eso digo que prefiero la meditación con música,
que así mí vida se llena de todo en alegrías.

Mujeres   1-13-19

¿A dónde estás tristeza?
Tú que fuiste una de las grandes mujeres de mi vida,
de esas que llenaron mi vida de un poco de amor,
pero que hubo más tristeza que amor por que no hubo sinceridad,
sinceridad en su amor ya que más bien parecí un pasatiempo,
pero que desbordaron en mí tantas demostraciones de amor,
pero también de ambiciones que no les podía cumplir,
pero qué maravilla de vida me dieron en aquellos momentos,
esos que hoy me hacen componer mis pensamientos,
que en versos quisiera escribir de cada una,
porque fue mi juventud la más maravillosa que tuve,
y porque es así como pienso ahora de esos tiempos,
sé que no soy ningún gran poeta ni escritor,
pero mi alma está llena de recuerdos imborrables,
muchos de los cuales fueron tan impresionantes que difícil es olvidarlos,
yo amo profundamente a la mujer,
porque de todas las mujeres, la más interesante,
la más bella, la más amorosa, llenó mi vida hasta el día de hoy,
ella es reflejo de mis pensamientos y deseos de amar,
hoy sólo espero morir en sus brazos.

Te fuiste abandonándome   1-14-19

Te fuiste abandonándome a la orilla del río,
mis ruegos de nada sirvieron,
por más que te expliqué y te demostré cuánto te amo,
nada, nada creíste de mí, dejándome en esta congoja,
cómo rehacer tu amor del que tantas faltas me culpaste,
y no, no tuviste la paciencia de escucharme,
la vida es tan difícil que el trabajar absorbió mi tiempo,
tiempo que tú querías convivir conmigo,
pero te demostré siempre que nuestra pobreza lo impedía,
hoy me haces pensar que por mí egoísmo nunca existió amor,
que por más que me esforcé por amarte nada pasó,
tú me querías día y noche a tu lado,
y yo no comprendía tanta ignorancia,
no podíamos vivir de sólo amarnos,
amarnos fue fabuloso para mí pero no para ti,
y hoy me dejas en el abandono total,
y rompes todas mis esperanzas de una vida contigo,
una vida que tuviese de todo en cada día,
que tú comprendieses mis obligaciones,
porque la vida no estuvo llena de riquezas para mí,
pero para ti veo que es una realidad,
yo no valgo también nada para ti.

¿Decir adiós?   1-14-19

Salí al campo y las montañas,
el ver y oler las flores que por cientos crecen por el campo,
fue tan impresionante por sus colores y aromas que no quería regresar,
deseaba perderme por entre esas campiñas hermosas,
pero cómo poder decir adiós, que ya es tiempo de partir,
ante tanta belleza, es querer continuar por el mundo entero,
para conocer en vivo playas, mares, desiertos, valles y colinas,
así como pueblos y ciudades como los que conocí en mis pocos viajes,
esos que me hicieron luchar por obtener los recursos para hacerlo,
pero la vida está llena de obstáculos y las depresiones ayudan a no hacerlo,
porque la maldad humana es enorme y el egoísmo te bloquea,
deseando enriquecerme para realizar mis sueños, casi nada logré,
y hoy me entretengo viendo videos y fotografías del mundo,
escuchando música de muchos lugares, por mi pobreza misma,
pero mi espíritu de lucha no para,
con mis sueños, pensando en las posibilidades de realizar tantos viajes,
que espero que quien lea mis libros piense que ellos sí podrán viajar,
que podrán disfrutar de la maravilla del mundo en que vivimos,
que se podrán llenar de recuerdos imborrables de lo que conozcan,
que por eso yo no puedo decir adiós, adiós a la vida.

Los viejos de ahora

1-14-19

¿Qué es mí vejez?
Ahora sé qué es, al darme cuenta de cual generación fui,
porque cuando a caminar o manejar salgo, lo veo,
nadie hoy respeta la leyes o reglamentos como nosotros,
a nosotros nos impusieron el respeto a los demás y a los mayores,
respetar, obedecer, escuchar, disciplinarse, oír buena música,
no la de hoy que parece no tener sentido,
acostumbrados a respetar a nuestros maestros, mujeres, gente mayor,
acostumbrados a pensar en llegar a ser profesionistas,
asistíamos a las escuelas siempre respetando y escuchando atentos,
a respetar nuestras promesas fueran de trabajo, amor o escolares,
no agredíamos a gente extraña, al contrario las respetábamos,
siempre tratamos de ser los más educados en todo,
no faltábamos a nuestros deberes, fueran estudiantiles o de trabajo,
tantas reglas que nunca hemos dudado en seguirlas,
sí matrimonio proponíamos lo hacíamos con mucho amor y respeto,
amábamos con toda ternura y educación sí éramos correspondidos,
hoy me siento en un mundo agresivo, irrespetuoso, hostil,
su música sin poderla entender o bailar,
tantas cosas negativas que nos suceden por todos lados con la juventud,
siempre somos discriminados y con demostraciones de falta de respeto,
vemos que no se respetan ni leyes ni reglamentos,
tantas faltas que ahora no se castigan haciéndonos temer vivir.

Mis pesares y frustraciones   1-14-19

Nuevas frustraciones acosan ahora mí vida,
el pensar en los fracasos en que he incurrido,
no encuentro paz ni soluciones,
perder una hija, lo más doloroso,
porque nunca mis pensamientos dejarán de pensar en ella,
ver cómo la vida o la gente maltrata a mis otras hijas sin poder hacer nada,
¿Cómo compensar sus sufrimientos?
Si yo no tengo la forma de solucionarles sus problemas,
mi vida, aunque tuve grandes oportunidades,
hoy veo que nunca fueron lo que yo esperaba,
que quedar inválido para trabajar me frustró todavía más,
que también los dolores y complicaciones que el cáncer me dio,
sé que casi los he librado hasta ahorita, aunque no del todo,
ya que las complicaciones siguen dañándome aún,
que la pobreza no me suelta,
que no logro encontrar los caminos para remediar mi vida,
y principalmente para ayudar a quienes traje al mundo a vivir,
porque viven sus vidas limitadas en bienes,
que siento que mi final puede llegar en cualquier momento,
que quisiera ser tocado por la mano de Dios,
aunque fuese por un instante para que me ayude salir de estos pesares.

A tí mí Patria amada   1-14-19

Mi Patria querida,
qué nuevos ruegos debo hacer para verte mejorar,
poder ver gobernantes que te saquen de tanto problema,
que puedan eliminar la corrupción, el más grande de ellos,
que se dediquen a combatir la delincuencia con dureza,
que pueda vivir tu pueblo sin angustias ni pobreza,
que la Nación comience nuevamente a crecer económicamente,
que tú gente entienda que todos deben luchar por ti,
que el escuchar tantos crímenes y delitos nos entristece más,
que deseamos que de verdad se acabe tanto mal,
que puedas llegar a ser el gran país tan esperado,
que ya no es posible seguir viendo y escuchando cómo te destruyen,
que sabemos que por todo el mundo pasan cosas iguales,
pero todos estamos cansados de que ningún gobernante te saque de tanto
problema,
que por muchos años vimos paz y prosperidad en ti como Nación,
que la mayoría de tu pueblo está a la espera del cambio,
de ese cambio que todos tus últimos gobernantes te han prometido,
qué o a quién debemos pedir por nuestros sueños,
sueños de una Gran Patria justa próspera y sin delincuencia.

A mi Abuelo Manuel   1-14-19

Cómo agradecerte Abuelo los toques que diste a mi vida,
tú me has hecho confirmar para mí la existencia de la vida en el más allá,
porque para mí, tú sabes que tú me has ayudado mucho en mi vida,
sí en esos momentos indescriptibles en los que nadie me cree,
pero yo sí sé que tú has movido tus manos para ayudarme,
yo espero seguir orando a Dios por la paz de tu alma,
me has dado tantas señales de tu ayuda en mi vida,
que yo también me siento apenado no haber logrado muchas cosas,
cómo el haber seguido una profesión como tú,
sé que tú esperabas de mí que siguiera tu ejemplo de vida,
y lo he tratado de seguir sin el debido resultado,
pero seguiré tratando de dejar un legado por el ejemplo que tú me diste,
porque tú me diste el mejor ejemplo de vida,
hoy quiero ser yo quien deje ese ejemplo de vida a los míos,
sé que será muy difícil que podrán entender mis palabras de mis libros,
pero ellos verán de alguna forma lo que seguí de ti,
tú ejemplo que para mí fue inolvidable,
gracias infinitas Abuelo por tu ayuda que es tan palpable para mí.

Sigue cantando   1-15-19

En la oscuridad me encuentro,
pero oyéndote cantar en tu espectáculo,
ver la maravilla de actriz que eres para cantar tan inspiradora,
y yo, uno más de tus admiradores de tu público,
pero que con tu canto haces volar mi imaginación,
a esos recuerdos del amor y el pasado de quien amé tanto,
porque lo que cantas revive mis recuerdos,
y los hace llegar a mi alma con la letra de tus canciones,
haciéndome sentir vivir en mis tiempos de amor,
¿Cómo no escucharte una y mil veces más?
Si las imágenes de mí pasado vuelven a mí,
haciéndome sentir el gran amor que se despertó en mí,
ese amor que llenó todas mis ilusiones de vida,
porque ella en su juventud amándome, ató mi alma a su vida,
me uní pensando siempre que nunca debería perderla,
porqué fue única en su forma de amarme,
y hoy que tantos años he disfrutado de su amor,
no pienso en nada ni nadie más que en ella,
ya que el fruto de nuestro amor ha sido maravilloso,
por eso te pido que sigas cantando.

Las enfermedades   1-15-19

Los años han caído encima de mí,
y con ellos las enfermedades,
esas que poco a poco nos van quitando la vida,
enfermedades como el cáncer y sus complicaciones,
muchas que hacen resaltar otras enfermedades,
y todo eso pasa en los exámenes que te hacen,
muchas de las cuales no son tan peligrosas,
pero en otras te dicen te operas o te mueres,
y cuando lo haces ves que los dolores y complicaciones duran años,
y cuando por fin te dicen que te has curado de unas,
surgen otras mucho más peligrosas,
todo, todo te va minando tu cuerpo y tus ánimos por vivir,
pero cómo aceptar tanto problema,
problemas que van complicando más y más tu vivir,
comienzas con depresiones, pensamientos tristes,
y por más que lo deseas ya nada es igual para ti,
sólo buscar la forma de partir sin dañar más a los tuyos,
dejar de pensar en el pesimismo y esperar,
esperar con fortaleza lo que venga,
sea con dolor o sin él pero siempre orando a Dios.

Los peligros de vivir   1-15-19

Nubarrones de tormentas se cruzan en mi camino,
mi ser se estremece de temor ante ella,
por el miedo que da tanto peligro,
peligros que muchas veces son de muerte,
por eso es hora de ver que te rodea,
ver en dónde vives que te pueda dañar,
ver si en tu hogar o en tu trabajo peligran,
por eso es tan importante seleccionar dónde vivir,
vivir sin peligros tan graves,
se puede lograr vivir en lugares con un mínimo de peligro,
pero saber que aún puede haber peligros en lugares seguros,
porque vivimos en un mundo en movimiento e inestable,
por eso debemos acercarnos a Dios en la oración,
quizás nos pueda salvar en algo,
porque creaturas somos de Dios pero somos libres,
y esa libertad de escoger dónde vivir nos puede destruir,
saber que hay guerras, delincuencia, malos gebernantes,
que pueden ser la base de nuestra destrucción,
por eso debemos buscar guiándonos a un futuro seguro,
vivir sí para Dios pero bajo sus designios.

¿Entender tu frialdad?   1-15-19

Es tan obvia tu frialdad,
que fácil siento tu desamor,
ese que te hace tratarme con desprecio,
que acercarme a ti es ver cuánto asco te doy,
pero para mí eres y seguirás siendo el amor de mi vida,
sí, veo que nunca hubo caricias de tu parte a mí,
que poco a poco tu frialdad fue creciendo hacia mí,
tanto, que no dejo de preguntarme ¿Qué fue?,
que fue que en el principio de nuestra relación había tanta pasión,
qué fue lo que me hizo enamorarme de ti con todas mis fuerzas,
pero que al unirnos comenzó tu frialdad,
paseábamos por el mundo y parecía todo felicidad y amor,
pero a través de nuestra convivencia llegaste a ser la de hoy,
y yo que seguí almacenando tantas noches de amor,
y no se diga tus sonrisas cuándo paseábamos por todos lados,
caminábamos por calles, parques, playas y siempre de la mano,
por eso pregunto ¡Dios Mío! qué le hizo ser como es ahora,
ahora que ni cercanía ni amor hay,
su frialdad es demasiado dolorosa,
Dios abre mi mente para entenderle.

El invierno y las nevadas   1-15-19

Solamente quiero pensar en ti,
porque el invierno está aquí con sus nevadas,
y la nieve hoy cubre las montañas como antaño,
de aquellas tantas veces que desde tus ventanas veíamos,
pero cómo apreciar las montañas nevadas si hoy ya no estás,
todo se congela en mis pensamientos,
y al mundo grito ¿Porqué, porqué te hirieron tanto?
Tanto que tus dolores los cubriste con tu muerte,
hoy para mí no hay nada que me consuele,
sólo vivo pensando en ti y tu ausencia,
tú que llenaste nuestras vidas de alegrías,
recordar cada momento a tu lado ahora es llorar,
cuándo en el pasado era emocionante compartir la vida contigo,
esa vida que tú construiste con tanto esfuerzo para ti,
¿Comparar tu partida ahora? No, no hay forma de hacerlo,
el dolor es enorme y el retornar a tus sonrisas,
sólo existen en mi mente,
hoy escucho tu música y tus canciones,
todo es sólo para recordarte para nosotros,
hoy sólo podemos pensar en alcanzarte algún día.

¿Una vez más?   1-16-19

Una vez más y no sé cuantas más te diré "Te amo",
piensa cuán profundo en mí alma estás tú,
que a cada instante siento las ansias de amarte,
de amarte e introducirme con mi amor a ti en tu corazón,
paso a paso llenaste mis días de amor y alegrías,
caminamos tantas veces tan juntos, porque era así nuestro amor,
y cómo no desear tenerte siempre en mis brazos,
si llenaste toda clase de ilusiones de vida y amor,
hoy cada mañana después de cuidar tus sueños,
a tu despertar te expreso cuánto te amo,
la dulzura de tus labios es infinita,
no sólo al besarlos sino hasta cuando hablas,
todo en ti es la expresión del encanto que como mujer eres,
el paraíso para mí lo llenaste tú con tú presencia,
hoy para mí todo está lleno de flores de todo tipo,
sus aromas los opacas con el tuyo,
yo no puedo desear más que amarte con toda mi pasión,
hoy sólo pienso en ti que será así hasta mí final,
porque para mí sólo tu brillas y existes en mi mente y mi corazón.

El mundo hostil   1-16-19

Pienso en lo trágico que hoy es el mundo,
los temores de que lleguen a nosotros me atemoriza,
porque no podemos luchar contra lo desconocido,
sólo la unión entre nosotros puede protegernos,
recorrer diariamente la ciudad si es un placer enorme,
pero los peligros acechan en cada esquina,
porque no sabemos quién de verdad vive como nosotros,
que vivimos de nuestro trabajo para cumplir nuestras ilusiones,
porque es así como se debe vivir con esperanza y bondad,
vivir con armonía y con salud es la mejor ilusión,
hoy me siento a escuchar música,
porque las noticias nos llenan de temores diariamente,
por tanta tragedia, crímenes, delitos y tanta maldad,
por lo que invoco cada día a encontrar una esperanza,
esa que nos permita vivir bajo nuestros sueños,
porque para mí no es posible vivir una vida mediocre,
siempre debe haber lucha por sobresalir,
por eso pienso en lo que debo hacer y que no he hecho,
pero sobre todo luchar por la paz y por los míos.

Invoco tu perdón

1-16-19

Hasta el cansancio he de esperarte sin que tú me busques,
sé que los milagros pueden suceder,
sé que por mis tonterías te alejaste de mí,
pero hoy trato por todas las formas de cambiar,
siempre con la esperanza de tu perdón,
porque a pesar de mi orgullo, como tú nadie,
te ofendí lo sé pero cómo no amarte,
si eres un ser tan especial, que por eso te pregunto,
¿Acaso podrá haber un perdón para mí?
Como tú me comprendías es como me baso en pedírtelo,
nadie había encontrado que me comprendiese como tú,
sí, con esa paciencia y amor con que lo hacías,
lo sé, por eso es que reconozco mis grandes errores,
y el que tú me abandonaras es mí culpa,
pero yo le suplico al cielo, si es posible tu perdón,
un amor como el tuyo sé que no habrá alguno,
quisiera arrodillarme y de rodillas buscarte,
para ver si acaso mi humildad te conmueve,
te amo, te amo tú eres para mí la luz de mí vida,
cambiaré te lo juro, por tu amor lo haré,
pero ven dame una señal de tu perdón.

El final de este libro

1-16-19

Las campanas suenan,
y mi emoción es infinita,
pronto terminaré de escribir mis últimos pensamientos,
el escuchar música ha sido la forma de inspirarme y escribirlos,
por eso se ha vuelto una fascinación el hacerlo,
de la música y los paisajes me lleno de ideas,
los sentimientos y recuerdos llenan mi mente,
pero esta emoción es clara y enorme para mí,
mi nuevo libro de Pensamientos estará impreso muy pronto,
y quizás nadie lo obtenga o quizá miles,
la labor está hecha y ahora será la promoción la que lo venda,
en este libro va la mejor recomendación,
pues el prólogo se lo debo a un Catedrático en Literatura y Poesía,
por eso es que la emoción me embarga por terminarlo,
he tratado de escribir todo lo que a mi mente viene con la música,
sé que hay demasiado dolor en ellos,
pero no puedo hacer a un lado lo amargo que ha sido mi vida,
por eso hoy les doy gracias infinitas a quienes lean mi libro,
un paso más quizá para la inmortalidad,
con todo mi afecto y respeto a mis lectores, Muchas Gracias.

ÍNDICE

Sobre el Autor

Manuel Hurtado E. nació y creció en Morelia, la capital del estado de Michoacán, México. Antiguo cadete naval, viajó por todo México durante varios años, antes de establecerse en la ciudad de Monterrey, Nuevo León, México. Allí conoció al amor de su vida, y esposa por 50 años, María Evangelina. Es un devoto y orgulloso padre / abuelo de cinco hermosas hijas inteligentes, dos nietos, cuatro nietas y un bisnieto. Habiendo emigrado a su familia a los Estados Unidos en 1987, se estableció en los suburbios de Los Ángeles, California, y trabajó como ingeniero ferrocarril durante 14 años. Desde entonces se ha retirado y ahora pasa su tiempo haciendo jardinería, escribiendo, y lo más importante, viendo a su familia seguir creciendo y prosperando. Es autor de ocho libros, incluidos cinco libros de poesía y tres novelas.

Créditos Fotográficos: Catalina Hurtado

Portada: Honolulu, Hawaii
Contraportada: Las Vegas, NV
Foto de Autor: Hurtado Residence, Los Angeles, California

Printed in the United States
By Bookmasters